A VIDA FELIZ

Dados Internacionais de Catalogação na Publicação (CIP)
(Câmara Brasileira do Livro, SP, Brasil)

Ferry, Luc, 1951-
  A vida feliz : sabedorias antigas e espiritualidade laica / Luc Ferry ; tradução de Idalina Lopes. – Petrópolis, RJ : Vozes, 2023.

  Título original: La vie heureuse
  ISBN 978-85-326-6525-6

  1. Espiritualidade 2. Filosofia antiga 3. Longevidade 4. Sabedoria I. Título.

23-166072   CDD-100

Índices para catálogo sistemático:
1. Filosofia   100

Eliane de Freitas Leite – Bibliotecária – CRB 8/8415

LUC FERRY

A VIDA FELIZ

Sabedorias antigas e
espiritualidade laica

Tradução de Idalina Lopes

© Editions de L'Observatoire / Humensis, 2022.

Tradução do original em francês intitulado
La vie heureuse. Sagesses anciennes et spiritualité laïque

Direitos de publicação em língua portuguesa – Brasil:
2023, Editora Vozes Ltda.
Rua Frei Luís, 100
25689-900 Petrópolis, RJ
www.vozes.com.br
Brasil

Todos os direitos reservados. Nenhuma parte desta obra poderá
ser reproduzida ou transmitida por qualquer forma e/ou quaisquer
meios (eletrônico ou mecânico, incluindo fotocópia e gravação)
ou arquivada em qualquer sistema ou banco de dados sem
permissão escrita da editora.

CONSELHO EDITORIAL

Diretor
Volney J. Berkenbrock

Editores
Aline dos Santos Carneiro
Edrian Josué Pasini
Marilac Loraine Oleniki
Welder Lancieri Marchini

Conselheiros
Elói Dionísio Piva
Francisco Morás
Gilberto Gonçalves Garcia
Ludovico Garmus
Teobaldo Heidemann

Secretário executivo
Leonardo A.R.T. dos Santos

Revisão de originais: Lorena Delduca Herédias
Diagramação: Monique Rodrigues
Revisão gráfica: Nilton Braz da Rocha
Capa: Estúdio 483

ISBN 978-85-326-6525-6 (Brasil)
ISBN 978-10-329-0327-8 (França)

Este livro foi composto e impresso pela Editora Vozes Ltda.

Sumário

Preâmbulo – Viver 150 anos? Cientificamente possível?
Espiritualmente desejável?, 11

Nas origens da metafísica e da religião: a fragilidade da vida
e a finitude humana, 14

Por que a angústia metafísica não é uma doença, 17

Vida feliz, sentido da vida, moral e espiritualidades, 21

O colapso das religiões de salvação terrena e celeste: a
expansão da espiritualidade laica e o retorno às sabedorias
antigas, 25

Da eternidade prometida à longevidade real – Viver 150
anos ou mais, é possível?, 33

Sabedorias antigas, sabedorias da resignação e do "sim" ao
real, 40

A espiritualidade laica: é preciso às vezes se revoltar, inovar,
dizer "não" ao real..., 46

1 A felicidade pela resignação – O retorno às sabedorias
antigas ou o "sim" ao real, 53

Se o curso do mundo é regido por um determinismo
absoluto, se a ordem natural das coisas é intangível, querer
alongar a vida em vez de aceitar seu destino não tem
sentido algum, 59

O projeto para aumentar a longevidade rompe radicalmente com as cosmologias antigas, 63

O DVD de Espinosa ou por que é, segundo ele, "delirante" querer mudar o mundo, 68

Dois pontos de vista sobre o mesmo filme..., 71

Por que o espinosismo não pode nem poderá jamais erradicar a linguagem da ilusão e do delírio, em especial a referência ao livre-arbítrio, 110

Por que o pretenso "racionalismo absoluto" é na realidade irracional, não científico e contraditório, 116

A crítica de um antigo espinosista: André Comte-Sponville contra Espinosa, 122

A ética de Espinosa sem sua metafísica ou a metafísica de Espinosa sem sua ética?, 130

2 O espiritualismo laico – Perfectibilidade, longevidade, amor, 133

Uma apresentação sistêmica das cinco grandes respostas à questão da vida boa para os mortais, 135

Na direção de uma quinta resposta, a de um espiritualismo laico síntese das duas idades do humanismo, 142

Por que os traços característicos dessa história são filosoficamente fascinantes..., 145

Defender uma espiritualidade laica, síntese das duas idades do humanismo que, longe de negá-lo por completo, leva em conta a herança do primeiro humanismo mas também da desconstrução, 149

O tipo ideal de espiritualismo laico, 151

O modelo cosmológico das sabedorias antigas, 153

O modelo teológico, 160

O modelo republicano do primeiro humanismo, 164

O modelo da desconstrução, 172

O espiritualismo laico, 178

As três faces da transcendência, 203

3 Resignar-se com a velhice? – Dados para uma filosofia da longevidade, 225

O que é o transumanismo?, 228

A inversão dos processos do envelhecimento celular: os trabalhos de Yamanaka e Lemaitre, 242

Algumas bases para compreender a revolução em andamento em termos de longevidade, 243

O envelhecimento celular por "desprogramação": a passagem do genoma ao epigenoma, chave do envelhecimento, 249

A entrada em senescência das células e seus efeitos diversos, 253

Como reprogramar? A busca dos fatores de reprogramação que permitem regenerar as células adultas que estão envelhecendo e até mesmo senescentes, 255

Animais fantásticos: planária, salamandra e rato-toupeira pelado (*Heterocephalus glaber*, seu nome científico), 261

Uma crítica científica do projeto de lutar contra a velhice e a brevidade da vida, 266

Um risco de desigualdades econômicas, de explosão demográfica, e mesmo de disparidades geopolíticas?, 273

A questão da regulação: o caso dos bebês transgênicos, 277

Por que a regulação será difícil e por que a Europa poderia contribuir oferecendo soluções para o resto do mundo..., 280

Conclusão – Do cuidado de si ao cuidado dos outros – As quatro faces do altruísmo, 283

"As musas cantam os privilégios imortais dos deuses e o destino miserável dos humanos, esses seres impotentes, incapazes de inventar um remédio para a morte ou um recurso contra a velhice."

Hymne homérique à Apollon

"O hábito das ações bondosas, o das afeições ternas, é a fonte de felicidade mais pura, mais inesgotável."

Condorcet, *Conseils à sa fille*, 1794

Preâmbulo

Viver 150 anos?
Cientificamente possível?
Espiritualmente desejável?

Perguntam-me às vezes, ao fim de uma palestra dedicada à história da filosofia, qual é a "minha" visão de mundo, qual é a "minha" filosofia. Dei-lhe um nome, chamei-a de "espiritualismo laico", e se devo definir seu sentido e seu teor em poucas palavras, são estas: pensar nas revoluções que caracterizam nosso tempo para delas tirar não somente uma moral, mas uma nova espiritualidade, uma espiritualidade laica apoiada no que em outros livros chamei de "divinização do humano" ou de "sagrado com face humana". Claro que vou comentar o significado dessas fórmulas. Mas para evitar desde já um mal-entendido, sem dúvida ligado ao fato de ter traduzido Kant para a Editora "La Pléiade" quando eu era um jovem universitário, embora seja um herdeiro do Iluminismo, embora goste da ciência e do universalismo da importante Declaração dos direitos humanos, o espiritualismo laico que professo está muito mais enraizado nessa maravilhosa visão de mundo que foi na França o romantismo republicano. Se tivesse de escolher uma fonte de inspiração no passado, ainda mais do que em Kant ou em Tocqueville, iria encontrá-la em Victor Hugo, especialmente quando ele apresenta seu programa de trabalho de uma maneira que eu gostaria, com todo o respeito, de fazer minha: *"Toda minha obra, escreveu ele, um dia formará um todo indivisível. Estou fazendo uma bíblia, não uma bíblia divina, mas uma bíblia humana".* Sim, uma bíblia humana, em outras palavras: um "espiritualismo laico" que não se contenta nem com a moral nem com a teologia, uma filosofia que vai além da ética e que de alguma maneira se situa depois da religião.

Sua estrutura, seu sentido e seus traços mais fundamentais serão desenvolvidos no segundo capítulo deste livro, mas gostaria de dizer desde já que não se trata mais aqui, como na primeira idade do humanismo, o do Iluminismo e da ideia republicana, de visar apenas uma harmonia jurídica, moral e política com uma humanidade concebida como uma entidade abstrata, composta de cidadãos desencarnados com os quais minha liberdade teria de se afinar de um modo mais ou menos penoso. Não, trata-se mais de uma harmonia que poderíamos chamar de "amigável" com o ente querido e também com o vizinho, com aquele que amamos e também com aquele que um dia poderíamos encontrar e amar. Veremos como essa espiritualidade laica conserva, no entanto, sobretudo no plano político, o ideal de razão e de liberdade caro à primeira idade do humanismo e, com ele, essa convicção de que o ser humano, ao contrário até dos animais mais inteligentes e mais afetuosos, é antes de tudo um ser de historicidade, fadado a uma busca infinita de perfectibilidade, de modo que a questão da longevidade, que discutiremos neste livro, tem necessariamente para ele algo de essencial.

O erro dos anti-humanistas, e em particular dos grandes desconstrutores, dos filósofos da suspeita, da famosa trilogia "Marx, Nietzsche, Freud", foi, a meu ver, não desmerecendo a genialidade deles, acreditar que a luta contra as diversas faces de alienação passava por uma "desconstrução" radical dos valores transcendentes, superiores à vida. Em nome da lucidez desejada pela sua "filosofia do martelo", em nome do seu materialismo filosófico, eles pretendiam quebrar os "ídolos", acabar com todas as figuras do sagrado e da transcendência de modo que seu ideal de *tabula rasa* não poderia levar senão a esse "cuidado de si", a esse individualismo narcísico do qual Foucault considerou apropriado fazer a apologia. Se a luta contra a alienação, contra as ilusões dogmáticas da metafísica bem como do fanatismo religioso permanece mais atual do que nunca, ela está muito longe de arrastar com ela todas as transcendências. O humanismo da alteridade e do amor que compõe o centro da filosofia que designo sob o nome de "espiritualismo laico" propõe uma nova relação com o sagrado, com valores transcendentes que ultrapassam o indivíduo ensimesmado na sua preocupação com a felicidade pessoal, com valores não apenas morais mas espirituais, que mostrarei aqui por que e em que sentido eles escapam das marteladas dos grandes desconstrutores. Nossa aspiração ao sagrado, que metafísicas e religiões sempre tentaram preencher, ainda que de maneira ilusória, nos toca tão profundamente que duvido muito que seja possível superá-la com um martelo, ainda que manuseado por um pensador tão brilhante quanto Nietzsche.

Nas origens da metafísica e da religião: a fragilidade da vida e a finitude humana

De fato, de onde veio aos humanos essa propensão singular para as questões existenciais, metafísicas e religiosas, se não da nossa relação com o que há de mais marcante em nossas existências, ou seja, sua fragilidade e sua brevidade? Não se conhece nenhuma civilização que seja desprovida de espiritualidade e, sem dúvida, a razão está em nossa consciência do efêmero de nossas vidas. Ao contrário de nós, os deuses, se existem, são imortais e se os animais estão fadados como nós a desaparecer, eles não parecem[1] se importar muito com isso, exceto *in extremis* e de maneira fugidia. Nenhum dos meus gatos propôs um tratado de metafísica, nem de teologia. Nós, pobres humanos, somos ao mesmo tempo mortais e conscientes

---

1. Sobre a relação dos animais com a morte, cf. Jules Vuillemin, *Essai sur la signification de la mort,* PUF, 1948.

de sê-lo, e certamente foi a partir daí, numa reflexão sobre o que os filósofos chamam de "finitude", que nasceram os grandes sistemas filosóficos e religiosos. Schopenhauer havia compreendido isso, a partir dos filósofos da Antiguidade[2], e o diz de uma maneira tão simples e tão profunda em seu importante livro, *Le Monde comme volonté et comme représentation* (1819) [O mundo como vontade e como representação. São Paulo: Unesp, 2015], que eu gostaria de iniciar nossa reflexão sobre as questões espirituais colocadas pela revolução da longevidade que estamos vivendo ouvindo-o, faço alguns comentários entre colchetes:

---

2. Entre tantos outros exemplos, é o que Lucrécio sugere no Livro III de seu poema (*De la nature* [Sobre a natureza das coisas. São Paulo: Autêntica, 2021]): "*É preciso sobretudo expulsar e destruir em nós esse medo do Aqueronte* [o rio dos infernos] *que, penetrando nas profundezas de nosso ser, envenena a vida humana, colore tudo com a escuridão da morte e não deixa subsistir nenhum prazer límpido e puro*". Encontramos a mesma injunção na tradição estoica, por exemplo em Epicteto (*Entretiens* [Entrevistas], III, xxvi): "*Você se dá conta de que o princípio de todos os males para o homem, da baixeza, da covardia é... o temor da morte? Exercite-se contra ele; que todas suas palavras, todos seus estudos, todas suas leituras tendam para isso e você saberá que essa é a única forma de os homens se tornarem livres*". A mesma coisa com Sêneca, que insiste no fato de que pensar na morte todos os dias é tanto mais necessário porque ela faz parte de nossa vida: "*Morremos todos os dias. Sim, cada dia tira uma parte de nossa vida; mesmo quando o ser está crescendo, a soma de seus dias diminui. Abandonamos a primeira infância, a infância, a adolescência. Todo o tempo decorrido até ontem está perdido para nós; mesmo este dia que estamos vivendo está dividido entre a vida e a morte. Como não é a última gota de água que esgota o relógio d'água, e sim tudo o que dele já escorreu; assim também a hora última em que cessamos de existir não constitui por si só a morte, mas apenas a consome. [...] Esta crise temida é nossa última, não nossa única morte*" (*Lettres à Lucilius*, 24, § 19-21 [Cartas a Lucílio]). Por isso, segundo Sêneca, é preciso "*pensar na morte sempre para não a temer jamais*" (*Lettres à Lucilius*, 30, § 18).

"*A morte é literalmente o gênio inspirador, o muságeta da filosofia* [muságeta, na mitologia grega, designa aquele que conduz as musas, as divindades da inspiração poética e filosófica]. *Sócrates também definiu a filosofia como uma 'preparação para a morte'* [Schopenhauer alude aqui ao famoso tema platônico segundo o qual *filosofar é aprender a morrer* – tema retomado mais tarde por Montaigne]. *Sem a morte não haveria certamente filosofia. A reflexão filosófica, inspirada pela ideia da morte, eleva-nos com efeito a opiniões metafísicas, a pontos de vista consoladores, cuja necessidade e possibilidade são igualmente desconhecidas do animal. É sobretudo para esta finalidade que se dirigem todos os sistemas religiosos ou filosóficos. Eles são antes de tudo como antídotos que a razão, apenas pela força de suas meditações, elabora contra a certeza da morte. O que os diferencia é somente sua maior ou menor capacidade de realizar esse objetivo. Claro está que tal religião ou tal filosofia tornará o homem muito mais capaz do que outro de encarar a morte de frente, com um olhar sereno. É o conhecimento das coisas da morte, a consideração da dor e da miséria da vida que dão o mais forte impulso ao pensamento filosófico, bem como à explicação metafísica do mundo. Se nossa vida fosse infinita, se ignorasse a dor, é provável que ninguém pensasse em se perguntar por que o mundo existe, nem por que ele tem exatamente esta ou aquela configuração particular...*"

Indo na mesma direção de Schopenhauer, o fato é que o primeiro livro escrito na história da humanidade, a *Epo-*

peia de Gilgamesh, no século XVIII antes de nossa era, já narra a dor insuportável que os humanos sentem diante do desaparecimento de um ser amado. O personagem principal, Gilgamesh, rei de Uruk, acaba de perder seu amigo, Enkidu, o ser que ele mais amava no mundo. Está inconsolável, sua dor é intolerável, mas para tentar ainda assim apaziguá-la dando-lhe um sentido, ele parte em busca de uma "maior longevidade", e mesmo da imortalidade, uma busca que para sua infelicidade não terá sucesso. Ainda assim, é a partir da experiência descrita por Schopenhauer, a da brevidade da vida e da irreversibilidade da morte, que sua busca metafísica ganha ímpeto, pois é animada por um desejo insaciável de prolongar uma existência humana para ele demasiado frágil e demasiado breve. É esse sentimento de angústia diante da absurdidade do desaparecimento de um ser amado que levanta a questão que será a de todas as religiões, bem como, afinal, de todas as grandes filosofias: Como superar a finitude ou, na incapacidade de fazê-lo, como alcançar a sabedoria e definir o que deveria ser uma vida feliz para nós mortais? Se quisermos mensurar tanto sua legitimidade quanto sua amplidão, também é preciso parar de considerar a angústia metafísica como um sentimento patológico.

Por que a angústia metafísica não é uma doença

Segundo Freud e com ele tudo o que conta na psicanálise, o aparecimento da angústia seria, no entanto, o sinal inequívoco de uma doença psíquica. Apesar de minha admiração pela obra de Freud, penso basicamente o contrário, ou seja, que, muitas vezes, a angústia, embora infinitamente dolorosa, é completamente normal, para não dizer salutar. Mas voltemos primeiro a Freud. Em essência, a angústia seria explicada segundo ele pela "desintricação da personalidade", ou seja, pela fragmentação dos diferentes componentes (isso, eu e supereu) de nossa vida psíquica. O objetivo da análise seria devolver, na medida do possível, ao sujeito que sofre, o controle dos conflitos que o dilaceram a fim de encontrar as soluções que lhe permitam voltar a um estado de "gozar e de agir", segundo o famoso termo com o qual Freud tentava definir uma aparência de normalidade. Agora, imagine que alguém chegue, ao final de um processo analítico, não a um estado de saúde psíquica perfeito, o que para Freud não tem muito sentido, mas pelo menos a uma situação bastante harmoniosa para que os principais conflitos estejam sob controle. Em princípio, a angústia deveria parar, e mesmo desaparecer, as fobias ou as ideias obcecantes mais incapacitantes se eclipsariam, permitindo ao indivíduo se aproximar de uma certa serenidade. Ora, é aqui, nesse ponto ideal, que se revela, todavia, a diferença entre a abordagem analítica e o que sempre preocupou a filosofia. Pois nosso hipotético indivíduo "quase curado" teria ainda assim de enfrentar, como você e eu, não mais conflitos internos, mas problemas existenciais bastante reais ligados à finitude humana, a começar pelo fato de sermos mortais. Mesmo a saúde mental mais invejável não nos impediria nem de morrer, nem de perder um ente querido, nem de sofrer, ou mesmo, se assim for, de nos entediarmos ou de sermos infelizes no amor. Em suma, a angústia ligada aos conflitos psíquicos e a angústia ligada à condição humana não são da mesma natureza.

Como escreve meu colega e amigo André Comte-Sponville[3], a angústia é na verdade muito normal dada a fragilidade que é por natureza a nossa: "*O que é mais angustiante do que viver? É que a morte é sempre possível, que o sofrimento é sempre possível, e é isso o que chamamos de um vivente: um pedaço de carne oferecido à mordedura do real. [...] O que é a angústia, se não esse sentimento em nós, certo ou errado, da possibilidade imediata do pior? [...] O que seria o ser humano sem a angústia? A arte, sem a angústia? O pensamento, sem a angústia? [...] Nossos queridos gurus me fazem rir, esses que querem nos proteger dela. Ou nossos queridos psiquiatras, esses que querem nos curar. Por que não nos curam então da morte? Por que não nos protegem então da vida?*" Para dizer a verdade, parece-me que um ser completamente desprovido de angústia seria ou doido varrido ou um perfeito imbecil, pois, como dizia Kant, "*se a Providência quisesse que fôssemos felizes, ela nunca nos teria dado a inteligência*". Em outras palavras – e exagero deliberadamente o traço –, se a psicanálise trata da angústia patológica, daquela que nasce de

---

3. Na coletânea de artigos *Impromptus* (PUF, 1996).

conflitos internos dos quais, em último caso, deveríamos ao menos ter o direito de nos poupar, já a filosofia se interessa pela angústia existencial – sentimento fundamentalmente normal, ligado, não importa o que façamos, com saúde psíquica ou não, à nossa condição de meros mortais. Nesse sentido, psicanálise e filosofia não se sobrepõem. Tampouco se opõem, podem até se complementar desde que a psicanálise, como outrora a sociologia, deixe de querer dominar de maneira imperialista todas as humanidades. Conclusão: mesmo que acabássemos com a angústia patológica, permaneceria intacta aquela que está ligada à possibilidade permanente da morte, tanto a nossa quanto a daqueles que amamos. Em vez de querer curá-la a todo custo, talvez fosse melhor compreender que, afinal, não há nada de patológico em ser angustiado e que, no final das contas, uma serenidade beata é que seria bastante inquietante.

Ora, a essa questão da finitude humana, como Schopenhauer volta a sugerir com muita profundidade, existem dois tipos de respostas, em outras palavras e em sentido amplo, dois tipos de "espiritualidades" (e não apenas de religiões ou de morais, abordarei mais adiante essas distinções fundamentais): espiritualidades religiosas, evidentemente, ou seja, definições da sabedoria e da vida feliz que se apoiam na fé na existência de um deus transcendente, mas também espiritualidades filosóficas, espiritualidades sem Deus, ou melhor dizendo, "espiritualidades laicas" que não se apoiam nem num deus nem na fé, mas no ser humano e na sua razão. É essencial distingui-las das primeiras. Por esta razão, sugiro começar este livro com uma (muito) breve revisão deste tema crucial, da diferença entre moral e espiritualidade, mas também entre espiritualidades religiosas e espiritualidades laicas, pois é um pré-requisito indispensável para a compreensão da maneira como as diferentes visões de mundo vão abordar a questão da longevidade (ou brevidade da vida humana) no contexto de sua reflexão sobre a definição do que poderia ser uma vida boa e feliz[4]. Como já tratei desse tema em outros livros, contentar-me-ei aqui em ser o mais breve e sintético possível.

Vida feliz, sentido da vida[5], moral e espiritualidades

A questão parece *a priori* legítima: Uma espiritualidade pode ser verdadeiramente "laica"? Toda espiritua-

---

4. O que não implica, ainda que este esclarecimento possa parecer paradoxal, qualquer adesão ao conceito de felicidade definido como um estado duradouro que dependeria apenas do nosso estado de ser interior. Podemos ser felizes sem cair, no entanto, nessa "felicização" do mundo que caracteriza o período atual. Voltarei a isso na primeira parte deste livro.

5. Não brinquemos com as palavras como às vezes gostam de fazer alguns discípulos de Nietzsche e de Espinosa: a questão também se coloca para eles, mesmo quando pretendem "desconstruir" a noção de sentido. Além disso, ela é onipresente tanto em Nietzsche quanto em Espinosa, uma vez que suas definições da vida boa (o grande estilo em Nietzsche, o amor intelectual a Deus em Espinosa) dão evidentemente, queiramos ou não, sentido à existência humana, uma vez que definem tanto o objetivo último quanto o objetivo mais desejável. Então, por favor, permitamos vez ou outra aos filósofos falar como todo mundo, sem desconstruir cada palavra e colocá-la entre aspas para fazer tipo… e na falta de uma melhor utilizá-la mesmo assim.

lidade não é de alguma maneira religiosa e não seria um jogo de palavras querer apresentar a filosofia como uma "espiritualidade laica"? Para responder a essas questões é necessário fazer uma distinção, para mim crucial, uma distinção que infelizmente na maioria das vezes é ocultada no debate público: é preciso, com efeito, evitar confundir duas esferas de valores completamente diferentes, duas esferas de valores em relação às quais nossas vidas se orientam permanentemente (mesmo que às vezes para transgredi-las...): os valores morais de um lado, os valores espirituais de outro. Em seguida, é preciso saber distinguir claramente entre espiritualidades religiosas e espiritualidades laicas. Aqui também, como já abordei esse tema em outros livros, trago simplesmente o essencial para o leitor que não tem ou não tem mais em mente os episódios precedentes.

A moral, não importa o sentido em que é entendida, é o respeito pelo outro e a bondade, para nós, modernos, são os direitos humanos e a benevolência ou, se quisermos falar como nas famílias, a gentileza. Conduzir-se moralmente é respeitar o outro e desejar-lhe o bem. Não conheço nenhuma moral que diga o contrário. Seja a de Sócrates ou de Jesus, de Buda, de Kant ou dos utilitaristas ingleses, todas elas, para além das suas divergências, nos convidam ao respeito do outro, à compaixão e à rejeição da violência. Agora, imaginemos por um momento que tivéssemos uma varinha mágica que nos permitisse, com um único toque, fazer com que todos os humanos se conduzissem moralmente uns com os outros. Então não haveria mais guerras neste planeta, nem massacres, violações, roubos, assassinatos, injustiças, nem provavelmente desigualdades sociais muito fraturantes. Seria uma revolução. E, no entanto – e é aqui que se revela a diferença entre valores morais e valores espirituais –, isso não nos impediria de envelhecer, de sofrer, de morrer, de perder um ser amado, nem mesmo de ser, caso aconteça, infeliz no amor ou, simplesmente, de nos entediarmos no decorrer de uma vida cotidiana atolada na banalidade. Pois essas questões – as das idades da vida, da doença, do luto, do amor ou do tédio – não são essencialmente morais. Você poderia viver como um santo ou uma santa, ser gentil como os anjos, respeitar e ajudar o outro perfeitamente, aplicar os direitos humanos como ninguém... e envelhecer, morrer, sofrer e, como se não bastasse, se entediar! Porque essas realidades, como diz Pascal, são de outra ordem, elas pertencem ao que chamo de "espiritualidade" no sentido da vida do espírito, uma noção que não se limita ao religioso e vai muito além da moral. Com o que ela se preocupa? Fundamentalmente com a questão crucial da definição da vida boa e feliz para os mortais.

Ora, desse ponto de vista, é claro que existem dois tipos de espiritualidades, duas maneiras de abordar essa questão que, em última análise, é a da sabedoria e do sentido da vida para aqueles que vão morrer e que sabem disso, isto é, nós: como já sugeri, existem sim espiritualidades que passam por Deus e pela fé, e são as religiões; e espiritualidades sem Deus e pelas vias da simples razão, e são as grandes filosofias que inegavelmente, de Platão até nós, também se preocuparam, para além até mesmo da questão do conhecimento e da moral, com a sabedoria e com a vida feliz sem, no entanto, aderir a uma religião, nem elaborar uma teologia.

Hegel dizia que a filosofia é sobretudo *"seu tempo percebido e reunido em pensamentos"* (*ihre Zeit in Gedanken erfasst*). Se quisermos "perceber" a essência de nossa época, se quisermos, em particular, compreender por que e como nossa relação com a finitude e, portanto, com a longevidade ou com a brevidade da vida, mudou nas últimas décadas, não há nada de desonroso no fato de um filósofo se interessar pelas realidades de seu tempo. Ora, o fato é que nossa época está marcada no plano espiritual, pelo menos nas nossas sociedades laicas, humanistas e democráticas, por um declínio das grandes religiões que, até recentemente e durante séculos, davam sentido à vida e estruturavam o espaço público. Sendo ainda mais simples, vivemos hoje (falo, claro, do movimento endógeno próprio da Europa democrática, não do islã importado essencialmente pela colonização) o que Nietzsche já anunciava em seu tempo: a "morte de Deus" ou, para falar como Max Weber, o "desencantamento do mundo". Ora, nada mostra melhor como esse desencantamento modifica nossa relação com a finitude do que a maneira como abordamos as crises sanitárias, uma vez que elas nos obrigam a não mais ocultar, como tendemos a fazer na vida cotidiana, nossa condição de mortais.

O colapso das religiões de salvação terrena e celeste: a expansão da espiritualidade laica e o retorno às sabedorias antigas

De fato, nossa relação com a finitude mudou de maneira considerável na Europa no decorrer do último meio século. Sendo até, no plano metafísico e espiritual, o fenômeno certamente mais significativo de nossa época. Poderíamos até medi-lo factualmente comparando nossa atitude perante a pandemia de Covid-19 com aquela provocada em 1968-1969 pela chamada "gripe de Hong Kong". Lembremos que esta última causou mais de 30 mil mortes na França, o que, em comparação com a população da época (50 milhões de franceses contra 67 milhões hoje), já constituía uma catástrofe humana de primeira grandeza. Ora, naquele final dos anos de1960, como notam todos os observadores, praticamente não se falava sobre ela, a não ser como uma "gripezinha" que não preocupava e não devia preocupar ninguém. Algumas escolas provavelmente foram fechadas, e os trens e os metrôs passaram por dificuldades, uma vez que o número de doentes era elevado, mas da direita à esquerda passando pelo centro, a classe política permanecia impassível enquanto a imprensa pretendia ser tranquilizadora. Por exemplo, podemos ler no *Le Monde* de 11 de dezembro de 1969 que *"a epidemia de gripe não é grave nem nova"*, enquanto a mortalidade que ela causava era quatro a cinco vezes maior do que a da gripe sazonal!

Durante a pandemia de Covid, é claro que nos comportamos nos antípodas dessa sábia (ou louca?) indiferença. Pela primeira vez, sem dúvida, na história da humanidade, e certamente na das sociedades capitalistas, a grande maioria aceitou colocar a saúde e a vida acima da economia e do dinheiro, a tal ponto que, às vezes, de confinamento em confinamento, tivemos a impressão literalmente "surrealista" de ter saído do mundo normal, de ter caído numa daquelas séries americanas que descrevem a maneira como os humanos tentam sobreviver após uma catástrofe apocalíptica. Claro que houve resistências e críticas, mas no final elas permaneceram minoritárias. Nem é preciso dizer que a imprensa, e em particular os canais 24 horas de notícias, não se comportou como a dos anos de 1960 de tanto que fomos inundados com informações alarmistas e debates febris. Esta é uma constatação, não um juízo de valor, mas uma constatação que, a meu ver, levanta uma questão fundamental, a da nossa relação com a morte que mudou consideravelmente desde os anos de 1960, uma mudança que eu gostaria de mostrar que em grande parte se deve ao colapso das crenças religiosas, bem como das grandes narrativas e das grandes causas transcendentes que davam sentido coletivo para além do cuidado de si individual.

Vamos aos fatos. Desde os anos de 1950, a ideia revolucionária trazida pelo comunismo passou na França de 25%, às vezes até 30% do eleitorado, para 2%, enquanto, durante o mesmo período, o catolicismo sofria uma erosão em certos aspectos ainda mais impressionante: hoje apenas 4% dos franceses vão regularmente à missa aos domingos, enquanto eram mais de 30% em 1950 e ainda 15% em 1980; 95% dos franceses eram batizados em 1950, agora não passam de 30%, enquanto a própria Igreja está definhando numa velocidade vertiginosa: 45 mil padres em 1960, 25 mil em 1990, 6 mil em 2014, e nesse ritmo, quantos em 2030? É claro que esse colapso tanto das estruturas tradicionais como das religiões de salvação terrena e de salvação celeste acabaria mudando nossa relação com a morte: quando as grandes causas superiores ao indivíduo definham, é normal que nossas existências terrenas se tornem muito mais valiosas do que no passado. Ora, para a maioria dos nossos concidadãos, o céu agora está vazio. Já não há nem cosmos, nem um grande propósito, nem divindade que possa dar um significado crível e consolador à morte de um ser amado.

Para Ulisses ou para um estoico, morrer era juntar-se à ordem cósmica, unir-se a ela como um fragmento de quebra-cabeça se encaixa no quadro geral. E como o cosmos era eterno, ao morrer, tornavam-se, por assim dizer, um fragmento da eternidade. A resposta cristã era ainda mais forte, uma vez que nos prometia a ressurreição do corpo e da alma e também o reencontro com aqueles que um dia amamos. Nas religiões de salvação terrena como o comunismo, ou mesmo o patriotismo em tempos de guerra, na ausência de uma divindade benevolente, restava pelo menos a pedra e o mármore: ali eram gravados os nomes dos "grandes homens", dos heróis mortos pela França, dos eruditos e construtores, concediam-lhes a homenagem de uma rua ou de uma placa metálica destinada a desafiar o tempo e a conservar a memória deles. Para os não crentes, esses pedidos de clemência desapareceram, de modo que só lhes resta frear diante desse prazo funesto, o que explica a amplitude nova, literalmente inédita, tanto das reações de angústia quanto das medidas sanitárias de confinamento observadas diante da pandemia de coronavírus.

Ao contrário do que afirmam os pensadores literalmente "reacionários", aqueles que, movidos pela nostalgia dos esplendores passados, defendem um retorno a algum paraíso perdido, essa desconstrução dos valores e das autoridades tradicionais não começa de modo algum nos anos de 1960. Para ser mais claro: ela não é, ou pelo menos não essencialmente, um produto dos eventos de Maio de 68, nem mesmo da rebeldia romântica. Na realidade, ela é a consequência direta da lógica de inovação permanente e de ruptura incessante com a tradição que tanto em Schumpeter quanto em Marx define a essência mais íntima do capitalismo. As cesuras que caracterizaram a história do século XX no Ocidente, tanto na filosofia, na cultura e na arte contemporânea quanto na vida cotidiana, foram engendradas pela "destruição criativa" tão inteligentemente analisada por Schumpeter[6]. Entre os anos

---

6. É preciso ver que não é apenas no campo da economia que a lógica da inovação destrutiva se aplica, mas ela se estende agora a todos os setores

de 1950 e hoje, o número de camponeses foi praticamente dividido por dez na França ao passo que a condição feminina mudava muito mais em setenta anos do que em setecentos anos. Aqueles que viveram o ano de 1968 não são de modo algum responsáveis por isso a verdade é eles que foram paradoxalmente os traídos da história, os agentes inconscientes, sob o pretexto da pseudorrevolução, da onda de fundo liberal e consumista que certamente caracteriza os anos de 1960, mas que começou muito antes. Prova disso é o fato de que a grande desconstrução começa desde os anos de 1880, com a segunda revolução industrial, como se pode bem observar nessa superestrutura do capitalismo que é a arte moderna: é com ela que começa a erosão das tradições nos planos tanto cultural quanto intelectual, moral, espiritual e político, é com ela que se desenvolve inexoravelmente a lógica da ruptura incessante com os tempos antigos, neste caso com a figuração na pintura e com a tonalidade na música.

---

da vida moderna. O dos *costumes*, para começar. É claro, para dar apenas um exemplo entre tantos outros possíveis, que a ideia de um casamento *gay* teria sido simplesmente impensável para nossos avós, assim como certamente teria sido inimaginável em seu mundo que uma mulher pudesse comandar um barco torpedeiro; quanto à *informação*, em que todas as manhãs tudo se renova, o jornal do dia anterior, para parodiar Charles Péguy, sendo "mais velho do que Homero"; mas é também na *moda* que Schumpeter triunfa, e mesmo na *arte* – sendo o chamado "contemporâneo" evidentemente o reflexo, por vezes servil, da lógica da inovação pela inovação e da ruptura com a tradição que caracteriza o capitalismo moderno, o que explica então que na maioria das vezes o artista seja de esquerda, mas o comprador de direita...

Os mais célebres *slogans* de Maio de 68, "Curtir adoidado", "É proibido proibir", "Sob a calçada, a praia" etc., não foram, aliás, sob a aparência de uma crítica à sociedade de seu tempo, que incitações maldisfarçadas a serem depositadas na conta desse hiperconsumo tão evidentemente necessário ao capitalismo para funcionar a pleno vapor. Na verdade, era preciso simplesmente que os valores tradicionais, os de nossos avós (a famosa "moral burguesa" que os pequenos burgueses que acreditavam fazer a revolução queriam destruir...), fossem desconstruídos, aparentemente por jovens revoltados, na realidade pelo capitalismo, para que nós, e principalmente nossos filhos, pudéssemos entrar no mundo do lazer e do consumismo de massa, pois eram esses valores que retardavam seu advento. Foi o que Marcuse compreendeu a partir dessa convicção afinal correta de que os valores tradicionais pertencem ao registro do que Freud chama de "sublimação" – nesse sentido eles eram um obstáculo ao consumo compulsivo que ganha cada vez mais espaço nas nossas sociedades liberais, sobretudo nas gerações mais novas: quando a cabeça e o coração estão cheios de princípios éticos e espirituais bem-estruturados e solidamente ancorados, como era geralmente o caso de nossos avós, não há aquela incessante necessidade de ir às compras. É, portanto, essa "sublimação", essa potência dos valores tradicionais, que devia ser desconstruída para entregar os indivíduos a esta publicidade cuja única finalidade, segundo o antigo dono do principal canal de televisão francês, era a de oferecer aos empresários "tempo de cérebro humano disponível" – desse modo não é sem razão que Marcuse falava de "dessublimação repressiva" para descrever esse processo que entrega os indivíduos à potente lógica da mercantilização do mundo. De fato, a "dessublimação", ou seja, a desconstrução dos valores tradicionais, realmente permitiu à maioria dos indivíduos, talvez a todos, aceder como nunca à sociedade do prazer, do lazer e do consumo.

Todavia, e para mim este é o ponto certamente mais paradoxal e, no entanto, mais essencial nessa história, essa desconstrução, longe de nos deixar apenas no meio de um campo de ruínas, revela novas figuras do sagrado e da transcendência, o que chamei de "sagrado com face humana" e que definirei no segundo capítulo deste livro como sendo a base de uma nova idade do humanismo, a base de uma espiritualidade laica ligada à perfectibilidade, mas também ao amor, e por essa razão à longevidade na medida em que ela permite ao mesmo tempo se aperfeiçoar, compartilhar e transmitir. A erosão dos valores tradicionais, em particular daqueles que presidiam à lógica do casamento arranjado, organizado pelos pais e pelos vilarejos sem o consentimento dos jovens, deu lugar a outra lógica, a do casamento por amor e da família moderna que, ligada à emancipação das mulheres, marca uma ruptura na história do Ocidente. Ela engendrou o que, no rastro da obra do genial Philippe Ariès, eu chamei de "revolução do amor", uma cesura que marcaria tanto a vida privada quanto a pública.

Ela levanta hoje novas questões, a começar por aquela que domina a política moderna e que gira em torno das gerações futuras, ou seja, do mundo que nós, adultos, teremos a responsabilidade de deixar para aqueles que mais amamos, a saber, nossos filhos, isto é, se generalizarmos, à humanidade que vem aí, tocando as questões essenciais: as da guerra, da ecologia, mas também as da dívida, da proteção social ou mesmo do lugar dos nossos velhos países europeus no seio de uma terceira revolução industrial que essencialmente está hoje dominada pela China e pelos Estados Unidos. É claro que voltaremos a isso mais adiante neste livro. De todo modo, é nesse contexto moral e espiritual inédito que se desenha uma verdadeira revolução no campo da longevidade, e para mim não é nenhum acaso se ela começa a se expandir a partir do declínio das grandes religiões que acabo de evocar: quando as grandes causas e as grandes transcendências se esfumaçam, quando a promessa cristã da "morte da morte" e da ressurreição *post mortem* não convence mais verdadeiramente, então a vida terrena, aqui e agora, tende a assumir um valor absoluto. E se nos importamos tanto com isso, como não querer também prolongá-la, ou para si mesmo, ou ainda mais para aqueles que amamos e cujo desaparecimento é ainda menos suportável porque não acreditamos mais encontrá-los num além luminoso?

Essa promessa de alongamento da vida com a qual certos grandes laboratórios científicos nos seduzem levanta duas questões; uma questão factual, científica, e uma questão filosófica, espiritual: É verdade que nossos filhos, ou pelo menos nossos netos, poderão retardar o início da velhice e viver ainda jovens e em boa saúde por 150 anos, ou até mais? E mesmo admitindo que seja possível, que seja de fato ciência e não ficção científica, seria desejável, desejaríamos isso tanto para eles como para nós?

Da eternidade prometida à longevidade real – Viver 150 anos ou mais, é possível?

Comecemos pela questão factual, científica, a da possibilidade de tal alongamento da existência humana. Indo direto aos fatos, eis do que se trata: desde o início do século XX, a expectativa de vida só aumentou, passando de 45 anos em 1900 para 83 anos hoje (média homens-mulheres). Muitos cientistas, e não apenas nos círculos transumanistas americanos, afirmam, com base em fatos e argumentos, que esta curva, excluindo acidentes de percurso (guerra mundial, pandemia artificialmente provocada...), não vai nem se estabilizar nem se inverter nas próximas décadas. É até mesmo o oposto. Com efeito, enormes progressos estão em andamento em relação à longevidade, avanços que a filosofia não pode nem deve mais ocultar isolando-se, por ignorância ou arrogância, da realidade das ciências.

É preciso ouvir, por exemplo, o que nos diz um médico como Christophe de Jaeger, um pesquisador que nada tem a ver com o Dr. Fantástico [*Strangelove*, filme de

Stanley Kubrick]: *"Tecnicamente, hoje somos capazes de intervir nos processos de envelhecimento que conhecemos efetivamente cada vez mais graças às técnicas de fisiologia. Não estamos mais na biologia-ficção, mas na realidade de hoje. Aliás, é bastante surpreendente ver que poucas pessoas se interessam seriamente por ela... O recuo da emergência das doenças ligadas à velhice permitirá aumentar conside-ravelmente a expectativa de vida em boa saúde, que é nor-malmente o objetivo de todos. Lutar contra os processos de envelhecimento deveria ser uma causa nacional das mais importantes[7]".* É evidente, Jaeger esclarece com toda razão que não estão falando de vida eterna, que a hipótese da *"imortalidade claramente não está em nosso catálogo tera-pêutico hoje[8]"* e que a questão de saber *"se o ser humano é psicologicamente capaz de viver 150, 200, ou mesmo 250*

---

7. Em entrevista publicada no *site Atlantico* em agosto de 2018. Para dizer a verdade, se "poucas pessoas" hoje se interessam por ela, inclusive no mundo intelectual e político, é sem dúvida, pelo menos em parte, porque se exige um mínimo de cultura científica para compreender os funda-mentos biológicos da revolução em curso na luta contra o envelhecimen-to. E mais: uma vez que se repete *urbi et orbi et ad nauseam* que o projeto de aumentar a longevidade é um absurdo, que se trata de uma impostu-ra, de um modismo neoliberal para bilionários americanos, e mesmo de um retorno do eugenismo nazista, é difícil ver como o público em geral po-deria acabar se interessando por essas questões, ainda mais porque uma maior longevidade poderia num primeiro momento custar caro, porque as reformas das aposentadorias falham uma após a outra enquanto nossos países são corroídos por dívidas e déficits públicos...

8. Nem é preciso dizer que a imortalidade é uma fantasia, mas talvez seja melhor dizê-lo, uma vez que evidentemente sempre seremos mortais en-quanto estivermos encarnados num corpo biológico, ou seja, enquanto formos seres humanos. Ainda que vivêssemos séculos, sempre acabaría-mos morrendo num acidente, num atentado, num suicídio.

anos ou mais" está amplamente aberta. Excelente questão, com efeito, que temos razão de colocar, mas que se refere mais à filosofia do que à ciência propriamente dita.

Vamos evidentemente abordar todas essas questões a seguir, discutir os argumentos a favor e os contra-argumentos. Mas desde já observemos que Jaeger não fecha as portas para uma longevidade de *"250 anos, ou mais"*, o que contrasta singularmente com os discursos dos intelectuais, geralmente pouco versados em ciências, que afirmam se tratar de um "projeto infantil" ou de uma "impostura neoliberal para bilionários americanos". Como diz Jaeger, em relação a um aumento, com chances consideráveis, da expectativa de vida, ou seja, que fique bem claro, da juventude e não da velhice, estamos na esfera do possível, não na "biologia-ficção[9]". Jean-Claude Ameisen, também médico, biólogo, diretor do centro de estudos do ser vivo na Universidade Paris-Diderot e antigo presidente do Comitê consultivo nacional de ética, um cientista do qual ninguém poderá dizer que é um cientista louco, um bilionário americano delirante ou um eugenista nazista, caminha na mesma direção: *"Uma revolução conceitual está em andamento"*, diz ele. *"A juventude, o envelheci-*

---

9. Os trabalhos dos cientistas que pretendem fixar os limites inultrapassáveis da vida humana em torno de 150 anos na verdade não têm muito sentido: eles partem do ser humano como ele é hoje sem levar em conta as descobertas que mencionaremos no terceiro capítulo deste livro e que se baseiam principalmente nos trabalhos bem recentes do Prêmio Nobel de 2012, o Professor Yamanaka, sobre a reprogramação das células e a reversão dos processos de envelhecimento celular.

mento e a duração da vida não dependem só da passagem do tempo, mas de processos ativos no corpo e em seu ambiente[10]. Como escreve Hélène Merle-Béral no mesmo sentido (lembremos que ela também é bióloga, professora de Medicina na Universidade Paris-VI e por muito tempo chefe do departamento de hematologia do hospital Pitié-Salpêtrière), *"no início deste século XXI, a doença e o envelhecimento já não são mais uma fatalidade. É legítimo desejar uma vida mais longa, mais agradável, sem sofrimento nem incapacidade. [...] 'A morte da morte', segundo a fórmula e o título do ensaio epônimo do cirurgião-urologista Laurent Alexandre, está em andamento. [...] A busca pela fonte da juventude não é mais um mito*[11]". Na sequência, ela cita a declaração feita em 2016 por uma centena de pesquisadores reunidos em Bruxelas para o importante "Congresso europeu sobre envelhecimento em boa saúde", que anuncia que *a derrota do envelhecimento está ao nosso alcance já na próxima geração*" – o que significa, sublinhemos, que eles consideram a velhice como uma espécie de doença que um dia poderemos curar. Nesse espírito, eles contam com *"o imperativo de um projeto de envergadura planetária para superar todas as doenças ligadas à idade nos próximos 25 anos combatendo o envelhecimento como a causa dessas doenças"*. Aqui também não se trata de forma alguma de doidivanas enganados pelos

---

10. Nathaniel Herzberg, "Vivre plus longtemps en tuant les vieilles cellules", *Le Monde*, 3 de fevereiro de 2016.

11. *L'Immortalité biologique*, Odile Jacob, 2020.

delírios transumanistas americanizados, mas de biólogos e de médicos bem franceses que Hélène Merle-Béral cita por considerá-los referências científicas sérias.

Nessas condições, surge a pergunta: De onde lhes vem essa convicção de que a revolução da longevidade está em andamento? A resposta encontra-se no fato de uma série de avanços e de descobertas científicas, que discutiremos em profundidade mais adiante neste livro, apontar inegavelmente nessa direção. Digamos desde já, para ter logo uma ideia sobre eles, que os mais notáveis foram realizados em 2007 pela equipe do Professor Yamanaka. Com efeito, ele conseguiu demonstrar contra todas as expectativas que era possível reprogramar células de adultos já diferenciadas para torná-las células-tronco pluripotentes, capazes então de reparar todos os tipos de tecidos em que são inseridas. Sem entrar em detalhes agora, essa descoberta provava algo ainda inimaginável na época, a saber, que era possível considerar um dia não só retardar o envelhecimento celular, mas também inverter, rejuvenescer as células, uma descoberta que valeu a Yamanaka o Prêmio Nobel em 2012. É claro que é apenas o começo, mas um campo de pesquisa se abriu e aqueles que afirmam que isso não é ciência, mas ficção científica, estão completamente enganados.

Até porque a equipe de Jean-Marc Lemaitre, provavelmente o mais avançado pesquisador francês nessa área, vai trazer uma novidade ainda mais fascinante em relação às pesquisas de Yamanaka. Como ele mostra num livro notável, *Guérir la vieillesse* [Curar a velhice] (Humensciences, 2022), essa inversão dos processos do envelhecimento celular não é apenas possível com as células diferenciadas adultas, mas também, o que Yamanaka não conseguiu demonstrar, com células senescentes de centenários. Agora é possível não apenas suprimir essas malditas células senescentes graças às chamadas moléculas "senolíticas", mas é também possível reprogramar qualquer tipo de células em processo de envelhecimento em células-tronco originais recorrendo a vetores que desaparecem nas células reprogramadas, evitando assim os efeitos perversos eventuais de uma reprogramação. Como escreve Jean-Marc Lemaitre, *"estamos aqui num ponto de virada de nossa história e a curva da expectativa de vida, que se alongou consideravelmente no decorrer dos séculos, particularmente no século XX, não se desviará no futuro"*. É nessa perspectiva que Jeff Bezos acaba de investir, neste ano, várias centenas de milhões de dólares numa *startup* inteiramente dedicada à reprogramação celular, uma jovem empresa que acaba justamente de recrutar Yamanaka para dirigir suas pesquisas[12]. Já está mais do que na hora, também para nós, de refletir seriamente sobre as questões políticas, mas também morais e espirituais que essas biotecnologias colocarão à humanidade no decorrer dos próximos anos.

---

12. Trata-se da *startup* americano-britânica Altos Labs, criada em 2021 por Yuri Milner e Richard Klausner, antigo diretor do Instituto Nacional do Câncer Americano. Em resumo, eles conseguiram levantar a assombrosa soma de 3 bilhões de dólares, Jeff Bezos sendo um dos investidores.

Eu poderia multiplicar aqui as declarações de cientistas que vão no mesmo sentido. Voltaremos, no último capítulo deste livro, aos trabalhos deles, em particular aos de Jean-Marc Lemaitre, e examinaremos de perto seus argumentos. Claro, vou expor também as objeções dos cientistas (e não dos ideólogos) hostis ou céticos, aqueles que não veem a velhice como uma patologia, e sim como um dado insuperável da natureza em geral e da condição humana em particular. Como você verá, este debate vale a pena quando é de bom nível, de nível científico e não ideológico. Ele é ao mesmo tempo apaixonante e profundo, ainda mais porque, para além das questões científicas, coloca em cena visões de mundo filosóficas radicalmente opostas entre elas.

Podemos, com efeito, questionar se o projeto de "curar" a velhice seria hipoteticamente desejável, se gostaríamos de viver 150 anos, ou até mais, se fôssemos jovens e em boa saúde. Que utilidade isso poderia ter para nós? As desigualdades de riqueza e de acesso a essas novas tecnologias não acabariam fraturando nossas sociedades? A questão demográfica não seria intransponível? O tédio e a preguiça não acabariam nos vencendo? Que sentido poderíamos dar a uma existência demasiado longa, e mesmo a uma existência que nada *a priori* acabaria limitando? A vida ainda valeria a pena ser vivida intensamente se a morte não lhe fixasse um limite bastante previsível? Por outro lado, é lícito pensar que uma maior longevidade permitiria à humanidade caminhar na direção da perfectibilidade, da educação ao longo da vida, da transmissão e da partilha de seus avanços com as gerações futuras para que um dia ela seja menos estúpida, menos violenta e, afinal, menos demoníaca do que tem sido ao longo de sua história, em particular durante nosso pavoroso século XX? É sobre essas questões que as sabedorias antigas se opõem como de antemão às filosofias da liberdade, da inovação e da perfectibilidade cuja herança, como veremos, é ao contrário assumida pelo que chamo de "espiritualismo laico".

Sabedorias antigas, sabedorias da resignação e do "sim" ao real

De fato, duas concepções da sabedoria e da vida boa se enfrentam hoje tanto sobre a questão do sentido da vida quanto sobre o significado que se poderia dar à luta contra a velhice, e mesmo contra esse aumento indefinido da juventude que certos laboratórios de pesquisa agora nos prometem.

A primeira está centrada na questão da felicidade. Ela floresce hoje na psicologia positiva bem como nessas teorias do desenvolvimento pessoal que nos convidam a retornar às sabedorias antigas, em particular ao estoicismo, ao budismo e ao espinosismo, filosofias que nos recomendam a adesão, para não dizer a resignação à ordem natural das coisas. Ora, nessa perspectiva, lutar contra a velhice simplesmente não tem sentido algum. Era o que

Cícero já explicava num pequeno diálogo, o *Cato Maior de Senectute* (*Catão o Velho, ou diálogo sobre a velhice*), dedicado à questão das idades da vida, um libelo que poderíamos crer como de antemão escrito contra o projeto "transumanista" de um alongamento da vida humana. O advogado romano, fiel ao ensinamento dos grandes pensadores estoicos, nele desenvolve com efeito sua convicção de que as idades da vida decorrem de necessidades naturais ligadas à ordem cósmica harmoniosa, justa, bela e boa que devemos, segundo ele, respeitar totalmente, de modo que, para ele, seria uma completa insensatez querer recusar ou retardar a entrada na velhice. Como diz Catão o Velho, a seus jovens interlocutores, Cipião e Lélio (Catão sendo o porta-voz de Cícero nesse diálogo), a vida boa é a vida em harmonia com a natureza, e sendo a natureza imutável, sua duração realmente não importa:

"Por que diabos, ele declara, a velhice seria menos aflitiva para quem vive 800 anos do que para quem se contenta com 80? Somos sábios desde que sigamos a natureza como um deus. É o melhor dos guias. Aliás, seria pouco verossímil que, tendo admiravelmente harmonizado os outros períodos da vida, ela encerrasse de maneira descuidada o último ato como o faria um dramaturgo sem talento! Era somente preciso que houvesse um fim, que a exemplo das bagas e dos frutos a vida se tornasse por si mesma e no momento oportuno madura demais antes de cair no chão. Tudo isso o sábio deve aceitar com serenidade. Pretender resistir à natureza não faria mais sentido do que querer lutar contra os deuses, como quiseram fazer os gigantes".

A última frase é uma alusão à gigantomaquia, episódio da mitologia no decorrer do qual os gigantes, filhos de Gaia, vencidos pela húbris, pela desmedida louca do orgulho desenfreado, tentaram conquistar o Olimpo. Mas foram punidos: Zeus mandou colocar os monstros em seu devido lugar, nos Infernos. Para Cícero, como para aqueles que hoje nos aconselham a retornar aos ensinamentos da natureza e não aos artifícios da ciência, o objetivo não é viver por mais tempo possível, e sim viver bem, isto é, em harmonia com a ordem do mundo. No mais, a natureza deve ser, como queria Espinosa depois dos estoicos, considerada divina (*Deus sive natura*). Não só ela é maravilhosamente organizada, como também é transcendente em relação a nós, pois é exterior e superior a nós. Ordenada de maneira admirável, ela previu e organizou perfeitamente as diferentes etapas de nossas existências de modo que a sabedoria suprema consiste em viver em acordo com a juventude quando somos jovens, com a maturidade quando somos adultos e com a velhice no entardecer de nossa vida, todos esses estágios da existência nos sendo prescritos pelas leis imemoriais do cosmos. Imaginar que a velhice poderia ser adiada, ou até evitada da mesma forma que uma doença é curada, seria pura loucura, como Cícero/Catão insiste uma vez mais na continuação de seu diálogo:

"Contentemo-nos com o tempo que nos é dado viver, seja ele qual for! Uma existência, mesmo curta, é sempre longa o suficiente para viver na sabedoria e na honra. E

caso seja prolongada, não lamentemos mais do que o fazem os camponeses pelo fato de depois da clemência da primavera vir o verão e o outono. Pois tudo o que está conforme à natureza deve ser considerado bom!"

Como mais tarde em Espinosa, pensador que segundo Leo Strauss era o "mais antigo dos Modernos", a sabedoria verdadeira consiste em dizer "sim" ao real, sobretudo em não se revoltar contra o inelutável. Por essa razão que em suas *Cartas a Lucílio*, Sêneca, o grande estoico romano, não hesita em nos convidar ao que me parece, melhor confessar logo, como uma lamentável aspiração ao servilismo: *"Reconcilie-se com o destino que faz tudo desaparecer... Os destinos conduzem aquele que aceita e arrastam aquele que recusa"*. O ser humano, esclarece então Sêneca, é *"como um cachorrinho preso a uma carroça"*: se consentir em seu destino, caminhará em harmonia com a atrelagem, mas se se revoltar, se quiser transformar o mundo, então não só nada mudará, como será puxado à força e, com as patas bastante ensanguentadas, sofrerá o martírio, é isso! Muitas vezes o homem imagina que é livre para recusar *"o destino, para se revoltar contra a ordem universal*[13]*"*, mas, segundo os estoicos, como depois para Espinosa, essa ilusão é ao mesmo tempo irracional, ilusória, geradora de infelicidade e mesmo imoral: irracional porque resulta de um erro de julgamento sobre a

---

13. Cf. o belo livro de Pierre Hadot, *Qu'est-ce que la philosophie antique?*, Gallimard, 1995.

racionalidade de um mundo que, regido pelo princípio de causalidade, está totalmente submetido ao mais perfeito determinismo, bem como sobre a natureza do que depende de nós e do que não depende de nós; ilusória porque esta recusa nada mudará na ordem do mundo, ou melhor dizendo, se quisermos refinar: a revolta, sem que o revoltado, inteiramente tomado por suas ilusões, se aperceba, é na verdade desde sempre parte integrante do determinismo absoluto; geradora de infelicidade porque o único resultado da pseudoescolha da revolta é que, apartado do cosmos, o ser humano está fadado à insatisfação e à infelicidade: confundindo o que depende dele e o que não depende, em vez de se desapegar, ele persegue incessantemente fins que sempre lhe escaparão[14]; e por fim imoral, uma vez que a virtude é sobretudo a reconciliação com a ordem do mundo, com a razão divina, cósmica e universal. *"Viver em harmonia com a natureza, eis a vida boa!"* escreve Cícero em seu *De Senectute* – uma recomendação que a ecologia e as ideologias da felicidade estão revalorizando. Querer ir contra a natureza viria desse orgulho que conduz o homem moderno ao pior. É por isso que, como os estoicos não cessam de insistir, o

---

14. Como Sêneca diz uma vez mais (*Cartas a Lucílio*, 107, § 11): *"Expulse de seu espírito entristecido o medo, a inveja, a alegria pelos males do outro, a avareza, a frouxidão, a incontinência. Mas não é possível expulsá-los sem considerar Deus, sem se apegar somente a Ele, sem se consagrar a seguir suas ordens. Se quiser outra coisa, você se lamentará, gemerá ao seguir aqueles que são mais fortes do que você, ao buscar sempre fora de você uma felicidade que nunca poderá encontrar; é porque você a procura ali onde ela não está e negligencia procurá-la ali onde ela está".*

essencial não é viver muito, mas viver bem, em harmonia com a natureza, com a ordem cósmica. Como Sêneca diz numa de suas *Cartas a Lucílio*, "*a questão não é morrer mais cedo ou mais tarde; a questão é morrer bem ou mal. Ora, morrer bem é evitar o perigo de viver mal*".

É claro que poderíamos encontrar o mesmo tipo de injunção, e até mais, na tradição budista. A ideia de que a velhice poderia ser vista como um estado patológico que um dia poderia ser curado parece nessa perspectiva não apenas absurda, mas decorre do que os gregos chamavam de "húbris", essa desmedida arrogante em que eles já viam a loucura do homem prometeico. Ainda hoje tal visão das idades da vida é para muitos algo chocante, e mesmo obsceno, tantos milênios de resignação diante da ordem natural das coisas nos acostumaram a pensar que a velhice e a morte faziam parte da vida e que a sabedoria consistia em aceitar nosso destino, quaisquer que fossem suas vicissitudes.

O retorno a esse eudemonismo antigo ao qual nos convidam a psicologia positiva e as teorias do desenvolvimento pessoal aparece assim como o efeito direto da desconstrução das grandes narrativas que marcaram a história do século XX: quando as transcendências foram pulverizadas pelo martelo de Nietzsche, quando a preocupação com o mundo, com o divino ou com a própria humanidade dá lugar ao "cuidado de si", é compreensível que a busca pela saúde, pelo bem-estar e pela felicidade se torne pouco a pouco a finalidade suprema de toda vida humana. Daí o retorno às sabedorias antigas cujo convite os adeptos das ideologias da felicidade aceitam a fim de se colocarem num estado, graças a certos exercícios espirituais como a "meditação de consciência plena", de "saborear o momento presente" como no *Carpe diem* já celebrado por Horácio, longe dessas duas armadilhas que são o passado e o futuro, a nostalgia e a esperança. É nessa perspectiva ao mesmo tempo naturalista e "presentista" que as ideologias da felicidade apelam para uma resignação serena diante da velhice e da morte.

A espiritualidade laica: é preciso às vezes se revoltar, inovar, dizer "não" ao real...

A essa visão cosmológica, eudemonista e naturalista da existência humana, podemos opor uma espiritualidade laica segundo a qual, se a liberdade e a historicidade, o ideal de uma perfectibilidade indefinida e de uma educação ao longo da vida são características do homem, se a busca de uma vida melhor para si como para os outros não tem outra razão senão factual de parar, a velhice é um problema. Ao contrário do que afirma Cícero nesse diálogo ao qual voltaremos no próximo capítulo, morrer aos 10, 20, 40, 80 ou 100 anos nada tem de indiferente, e isso por razões que as sabedorias cosmológicas ignoram a meu ver de maneira desarrazoada: embora a natureza não seja nem nosso guia, nem nosso modelo, nosso pertencimento à história nos transforma constantemente. Nossas experiências nos mudam ao longo da vida, de modo que não vemos o mundo da mesma maneira nas diferentes idades. Também não amamos da mesma maneira, nem talvez os mesmos seres, aos 5, aos 20, aos 60, aos 90 anos... Esta é a grande diferença entre uma visão naturalista e uma visão historiadora da existência humana. Afirmar que viver mais ou menos não muda a situação, uma vez que sempre acabamos morrendo, é, portanto, um absurdo se nos colocarmos do ponto de vista da espiritualidade laica que subentende a segunda idade do humanismo cujos princípios desenvolverei neste livro. O modelo da natureza dando lugar ao da liberdade, portanto da historicidade, e por que não do progresso, mas também da partilha e da transmissão às gerações futuras, o horizonte se abre para uma perfectibilidade que só conheceria *a priori* o outro limite factual, o que implica uma nova relação com o tempo. Já não se trata mais aqui de sacralizar o presente, a exemplo dessas sabedorias antigas que nos pedem para viver longe da nostalgia e da esperança a fim de "saborear o momento", e sim de compreender o passado (nesse sentido a ciência histórica adquire aqui todo seu valor) para preparar e, por que não, melhorar o futuro.

Como já escrevia Condorcet em seu famoso *Esquisse d'um tableau historique des progrès de l'esprit humain* [Esboço de um quadro histórico dos progressos do espírito humano], anunciando já de maneira profética certos aspectos da corrente transumanista, a natureza de fato não pôs "nenhum limite às nossas esperanças[15]". Se, como também creio, a característica do homem reside na sua liberdade, na sua possível perfectibilidade ao longo de sua história, portanto numa educação ao longo da vida, confesso não ver em que o fato de poder desfrutá-la por mais tempo seria algo nocivo. É justamente o contrário que deveria ou pelo menos poderia acontecer. Poderíamos, alargando o horizonte, nos tornar enfim menos estúpidos, menos incultos, menos fechados em nós mesmos e, por que não, mais sábios e mais amorosos. "Se a juventude soubesse, se a velhice pudesse", como dizem. Viver mais, desde que ainda jovem e em boa saúde, longe de nos desumanizar, talvez nos permitisse, reconciliando juventude e velhice, aceder a uma humanização muito superior àquela que as nossas pequenas vidas limitadas nos impõem. Há tanto para conhecer e amar que é realmente difícil para mim compreender como o fato de estar preso à ordem da natureza, e por isso limitado a um aspecto infinitesimal da história e do real, nos garanta uma vida

---

15. *"A espécie humana deve se melhorar, seja pelas novas descobertas nas ciências e nas artes e, por uma consequência necessária, nos meios de bem--estar particular e de prosperidade comum; seja pelos progressos nos princípios de conduta e na moral prática; seja finalmente pelo aperfeiçoamento real das faculdades intelectuais, morais e físicas que também pode ser uma dessas consequências, ou pelo dos instrumentos que aumentam a intensidade e dirigem o emprego dessas faculdades, ou até no da organização natural? Ao responder a essas três questões, encontraremos na experiência do passado, na observação dos progressos que a ciência e a civilização fizeram até aqui, na análise da marcha do espírito humano e do desenvolvimento de suas faculdades, os motivos mais fortes para acreditar que a natureza não colocou nenhum limite às nossas esperanças".*

melhor. Além disso, considerando os massacres e os genocídios que ensanguentaram o século XX, temos certeza de que somos tão formidáveis em nosso estado atual que nada precisa ser mudado? Para ser honesto, não vejo nenhum argumento sério provando que o fato de viver mais nos tornaria menos humanos, menos capazes de consciência, de linguagem, de perfectibilidade, de cultura, de liberdade ou de amor. Além disso, com uma maior longevidade ou não, permaneceremos sempre meros mortais, uma vez que nossa consciência permanecerá, não importa o que façamos, encarnada num corpo biológico perecível.

Queiramos ou não, que seja agradável ou não de dizer e de dizer a si mesmo, a velhice aparece nessa perspectiva como uma espécie de muro insensato no caminho da perfectibilidade, como um obstáculo desprovido de sentido numa batalha perdida de antemão, pois como bem sabemos, a velhice vai retomando aos poucos tudo o que a vida nos deu ao passar da infância para a idade adulta: a força física, a saúde e até, sejamos francos, esta inteligência que dizem "pura", a dos cientistas no auge da idade – a observação da extremidade dos neurônios e do envelhecimento cerebral infelizmente está aí para explicá-la. *"Por que apenas o homem, já se perguntava Rousseau, está sujeito a se tornar imbecil? Não seria pelo fato de ele retornar assim ao seu estado primitivo e, enquanto o animal, que nada adquiriu e nada tem a perder, permanece sempre com seu instinto, o homem, ao perder, pela velhice ou por outros acidentes, tudo o que sua perfectibilidade o fez adquirir, volta a cair assim mais baixo do que o próprio animal[16]".* De fato, como envelhecer sem perder uma parte de sua liberdade, ou seja, de sua humanidade, sem deixar a natureza retomar pouco a pouco seus direitos como faria uma erva daninha que se enrola numa árvore para tentar sufocá-la, sem cair no que Sartre, aqui próximo de Rousseau, chamará de "reificação"? Desagradável de ler e de ouvir, sem dúvida, mas como negar que há uma parte de lucidez nessas interrogações?

Se somarmos às ideias de liberdade e de perfectibilidade fundadoras de uma primeira idade do humanismo aquelas que surgem com o que designei como o "segundo humanismo", uma nova visão de mundo ligada especialmente ao nascimento da família moderna e do casamento por amor, compreenderemos que a questão da luta contra o envelhecimento, o combate por um aumento da duração de vida jovem e em boa saúde ganha ainda mais sentido. Pois não se trata apenas de viver o suficiente para alcançar o máximo de educação e de cultura só para si, mas trata-se também de abertura, de partilha e de transmissão aos outros, às gerações futuras, aos que amamos ou poderíamos amar. Por isso a questão da longevidade, rejeitada pelas sabedorias antigas, não pode deixar de interessar à espiritualidade laica dos Modernos, se pelo menos a in-

---

16. No *Discours sur l'origine et les fondements de l'inégalité parmi les hommes* [Discurso sobre a origem e os fundamentos da desigualdade entre os homens. Porto Alegre: L&PM, 2008].

cluirmos na lógica das ideias humanistas de liberdade e de perfectibilidade, mas também de amor e de fraternidade que sustentam, ao contrário das cosmologias e das injunções para retornar aos Antigos, que a natureza não poderia de forma alguma ser um modelo, um guia moral, ou uma bússola espiritual.

No livro *La Sagesse des Modernes* [A sabedoria dos modernos. São Paulo: Martins Fontes, 2008], livro em coautoria com meu amigo André Comte-Sponville, eu fazia, citando Victor Hugo e seu poema *Booz endormi*, um elogio à velhice que o fazia sorrir (ele não acreditava muito nisso): eu lembrava que a idade, pelo menos antes de retomar o que ela nos deu, é também o que nos permite aprender sempre mais, aceder ao que Kant chamava de "pensamento alargado", ser mais aberto aos outros. Ainda penso assim e há exemplos que mostram felizmente que não é totalmente impossível. Mas é preciso admitir que são mais a exceção do que a regra e que chega um dia, apesar de todos nossos esforços, em que estamos tão enfraquecidos que a velhice, segundo a famosa fórmula do General de Gaulle, se transforma em naufrágio. O combate está perdido e, às vezes, é tão desesperador que pensamos que talvez tivesse sido melhor desistir antes de ser tarde demais – o que sem dúvida explica por que uma grande maioria de franceses se manifesta a favor de uma lei que favoreça a eutanásia.

Em muitos outros aspectos, veremos que as sabedorias antigas e a espiritualidade laica caminham em direções opostas. Já ficou claro: para além do fato de a questão da longevidade ser apaixonante por si só, de maneira intrínseca, tanto no plano científico quanto pela maneira como nos obriga a refletir num plano pessoal (o que faríamos se nos propusessem seriamente viver 200 anos, se ainda jovens e em boa saúde?), ela é também uma oportunidade para nos questionarmos na raiz, no mais profundo, sobre os diferentes tipos de concepção da vida boa e feliz que, mesmo sem refletirmos sobre eles de maneira explícita e consciente, são como preconceitos fundamentais que, em última instância, nos colocam esta questão fundamental: a sabedoria consiste, como nos convidam o estoicismo e o espinosismo, em dizer "sim" ao real, ao curso do mundo "com seus altos e baixos", ou, ao contrário, em dizer "não" toda vez que conscientemente pensamos que devemos lançar um olhar crítico sobre nossa história, toda vez que julgamos que é hora de transformar um mundo injusto e cego, e até sobre uma natureza regida unicamente pela lógica da seleção darwiniana? Resignação ou revolta, *amor fati* ou espírito crítico?

Pensar na longevidade é, fundamentalmente, pensar nessa escolha que possui, como veremos neste livro, ramificações em todas as áreas da vida do espírito: teórica, moral, espiritual, estética, científica e metafísica.

1
A felicidade pela resignação

O retorno às sabedorias antigas
ou o "sim" ao real

Desde o nascimento, nos anos de 1980, da psicologia positiva e das teorias de desenvolvimento pessoal nos Estados Unidos, os professores de felicidade, cada dia mais numerosos, nos garantem que é preciso retornar às sabedorias antigas, estoicismo, espinosismo e budismo, se quisermos compreender que a vida bem-aventurada depende apenas de nós, apenas de um "estado de ser interior", desde que aceitemos nos reconciliar com o real assim como ele é, dizer-lhe "sim" em todas as circunstâncias, boas ou más. Segundo eles, a sabedoria consistiria em aceitar a ordem natural das coisas e com ela, claro, já que são parte integrante dessa ordem, as idades da vida quaisquer que sejam suas vicissitudes. De acordo com a fórmula estoica, o sábio seria aquele que consegue *mudar seus desejos e não a ordem do mundo*", aquele que tivesse enfim compreendido que o livre-arbítrio, a crença numa liberdade humana capaz de se descolar do real para lutar contra o destino, é pura ilusão. A verdade, como insistem os estoicos, e mais ainda Espinosa depois deles, é que o curso do mundo é regido por um determinismo absoluto, por uma cadeia de causalidades que a inteligência nos convidaria primeiro a compreender, depois a amar, único meio de nos livrarmos enfim das "paixões tristes" como a indignação, o espírito de revolta, a ira ou a esperança, emoções simplesmente ligadas à ideia de que seria possível transformar o mundo pela nossa vontade, pelo nosso livre-arbítrio, o que aos olhos do sábio é pura loucura ou, como diz Espinosa, puro "delírio".

É a essas sabedorias antigas que um dos mais talentosos representantes dessa "felicização" do mundo, Frédéric Lenoir, se refere em seu livro intitulado *Du bonheur. Un voyage philosophique* (Fayard, 2013) [Sobre a felicidade – Uma viagem filosófica. Rio de Janeiro: Objetiva, 2016]. Segundo ele, *"a sabedoria nos ensina a desejar e a amar o que é. Ensina-nos a dizer 'sim' à vida. Uma felicidade profunda e duradoura torna-se possível assim que transformamos nossa própria visão de mundo. Descobrimos então que a felicidade e a infelicidade já não dependem mais tanto de causas exteriores quanto do nosso 'estado de ser'. Ser feliz é amar a vida, toda a vida: com seus altos e baixos, seus traços de luz e suas fases de escuridão, seus prazeres e suas dores... É viver intensamente cada momento".* E é nessa perspectiva que Lenoir convida seu leitor a descobrir o pensamento de Espinosa, ao qual dedica outro livro, *Le*

Miracle Spinoza – Une philosophie pour éclairer notre vie (Fayard, 2017) [O milagre Espinosa – Uma filosofia para iluminar nossa vida. Petrópolis: Vozes, 2020], uma doutrina que defende, como veremos a seguir, um determinismo absoluto, uma resignação absoluta ao real, único meio de nos livrarmos dessas paixões tristes que podem apenas nos mergulhar na infelicidade.

A honestidade obriga-me a dizer desde já que penso exatamente o contrário, ou seja, que a sabedoria verdadeira reside muitas vezes na coragem de dizer "não" em vez de "sim", na nossa capacidade de nos revoltar contra o real para transformá-lo quando ele é injusto ou cruel, em vez de se submeter a ele para padecê-lo "sabiamente". Para piorar meu caso, acrescento que, na minha opinião, longe de depender apenas de nosso "estado de ser interior", a felicidade, se é que tal coisa existe (o que me custa a acreditar[17]), depende em todo o caso e essencialmente do estado do mundo exterior, em particular dos seres que amamos e que não suportamos ver mergulhados no infortúnio. Para retomar o vocabulário de Espinosa, é a ideia de que se pode ser feliz quando um dos filhos é arrancado de você por uma doença, por um acidente ou por um suicídio que me parece "deli-

---

17. Acredito em momentos de alegria, em períodos de serenidade em nossas vidas, mas nessa miragem infantil de uma felicidade definida como um estado duradouro, e mesmo definitivo, que as sabedorias da resignação ao real nos permitiriam adquirir de uma vez por todas, evidentemente não. Sobre esse ponto, remeto-o ao meu livro *Sept façons d'être heureux* [7 maneiras de ser feliz. Rio de Janeiro: Objetiva, 2018].

rante", *a fortiori* aquela segundo a qual alguém poderia encontrar a felicidade num campo de extermínio, como afirma Lenoir, ou numa "sala de tortura", como pretendiam os estoicos.

É claro que vou voltar a isso, argumentar minhas críticas, mas por enquanto, e pelo prazer da discussão, tentemos desde já compreender a lógica de resignação que anima essas ideologias da felicidade, uma lógica enraizada nas sabedorias e nas cosmologias antigas, das quais a filosofia de Espinosa a que Lenoir nos remete é basicamente apenas uma ressurgência moderna[18]. Segundo ele, nossa felicidade dependeria de nossa capacidade de aceitar o destino ou, como dirá Nietzsche ao também evocar a crítica espinosista do livre-arbítrio, viver no *amor fati*, o amor ao *fatum*, ao real como ele é. Quando o conseguimos, ainda que pudéssemos de acordo com essas ideologias nos livrar enfim das funestas paixões tristes, teríamos encontrado não só a felicidade perfeita, mas também a própria salvação, teríamos "salvado a própria vida", pois ao se ajustar ao cosmos em vez de querer mudá-lo, sendo este eterno, teríamos enfim compreendido que nós mesmos somos de alguma maneira um fragmento de eternidade.

Nessas condições, procurar viver por mais tempo, adiar desesperadamente a velhice e a morte em vez de aceitar com serenidade o que a fatalidade nos impõe, sim-

---

18. É, como eu disse, o que pensava Leo Strauss, um grande admirador de Espinosa.

plesmente não tem sentido algum, ou melhor dizendo, é sinal de loucura, dessa húbris do homem prometeico que acredita dispor de um livre-arbítrio, de uma vontade que lhe permitiria quebrar a cadeia das causas e dos efeitos, de se libertar das regras imutáveis e intangíveis da natureza. Como diz um dos mais eminentes representantes da escola estoica, Epicteto (em suas *Entrevistas*, II, xvi, 45-47 e xiv, 7-8), *"é preciso harmonizar nossa vontade com os eventos de tal forma que nenhum evento aconteça contra nossa vontade... A vantagem, para quem o consegue, é não fracassar em seus desejos, não se deparar com o que detesta, viver interiormente uma vida sem dor, sem temor e sem desordem... Não queira que aquilo que acontece, aconteça como você quer, mas queira ao contrário que o que acontece, aconteça como acontece e você será feliz"*. De fato, se não procuramos mudar o real, transformar o mundo, se o aceitamos em todas as circunstâncias tal como é, mesmo quando é imundo, não corremos o risco de nos decepcionar... Segundo a sabedoria estoica à qual os manuais de psicologia positiva e as ideologias da felicidade constantemente se referem, o sábio autêntico é, portanto, aquele que, tendo finalmente conseguido dizer "sim" ao curso da natureza e da história com seus altos e baixos, consegue ser feliz até em meio às provações mais pavorosas, mesmo naquelas que são para o ignorante as mais insuportáveis, até numa sala de tortura, como Plutarco não hesita em afirmar com toda seriedade:

"O homem que disse: 'Eu o avisei, ó destino! e estou protegido de todas suas incursões', este homem assenta sua confiança e sua serenidade não em muralhas de pedra, mas em princípios que estão à disposição de quem os queira consultar... Dirão que é preferível 'descansar num leito de rosas', segundo a expressão de Sêneca, em vez de deitar nu numa cama de tortura. Pois é, claro que não! Se formos mais virtuosos suportando a cama e se a constância na provação for superior à frivolidade nos prazeres, a tortura nos fará bem[19]".

Você me perdoará de ser tão pouco sábio porque confesso preferir o leito de rosas à cama de tortura, mas é verdade que um certo pendor pelo bom-senso, mesmo em filosofia, nunca me assustou. O que eu disse é um mero comentário, mas o fato é que os estoicos, que muito antes de Espinosa já caminhavam no mesmo sentido, definem a vida feliz como uma vida "sem esperança, nem temor, nem revolta", portanto sem paixões tristes, porque ela aceita o destino. Nem é preciso continuar dada a abundância de frases estoicas nos convidando a amar o real como ele é, de conselhos que voltam à moda com a psicologia positiva e as ideologias da felicidade, que lhes acrescentam os exercícios espirituais que convêm ao mundo de hoje. Nessas condições, fica claro que o projeto de lutar contra a velhice e de adiar a morte não cabe em sua visão de mundo.

---

19. *La Sérénité intérieure*, Rivages, 2001.

Se o curso do mundo é regido por um determinismo absoluto, se a ordem natural das coisas é intangível, querer alongar a vida em vez de aceitar seu destino não tem sentido algum

Vimos como o *De Senectute* de Cícero nos convidava a nada fazer para nos opormos à lógica irremediável das idades da vida. Para reforçar ainda mais sua resignação diante do inelutável e tentar convencer seus jovens interlocutores de que é preciso aceitar a velhice como uma oportunidade, e não como um declínio fatal, Cícero começa a refutar os discursos daqueles que pretendem que os seguintes quatro males pesam sobre a velhice: *"Primeiro, a velhice nos afastaria da vida ativa; segundo, ela enfraqueceria nosso corpo; terceiro, nos privaria dos melhores prazeres; e quarto, nos aproximaria da morte"*. E para responder a essas objeções, o advogado romano toma emprestado, como em qualquer boa defesa, dos autores mais ilustres, ora de Epicuro, ora de Epicteto, ora de Platão, aquilo que lhe permite legitimar seus argumentos apoiando-os nas mais prestigiosas sabedorias de seu tempo.

Em relação à vida ativa, segundo Cícero é totalmente falso afirmar que a velhice nos afasta dela, desde que ao menos tenhamos sabedoria suficiente para viver de acordo com nossa idade e que compreendamos que, simplesmente, *"a velhice não está sujeita às mesmas tarefas que a juventude. Mas com certeza é porque ela faz mais e melhor! Não são a força, nem a agilidade física, nem a rapidez que* autorizam grandes feitos, mas outras qualidades como a sabedoria, a clarividência, o discernimento, qualidades das quais não só a velhice não está privada, mas que são, pelo contrário, aquelas das quais só ela pode se valer", como evidencia o fato de que, "em Esparta, os magistrados mais importantes são velhos!" Então, é isso!

Segundo elemento, o enfraquecimento do corpo. Não deveria ser sentido pelo sábio como uma falta, uma imperfeição. Ele pode até mesmo ser, em certos aspectos, uma vantagem, uma espécie de libertação, a calma e a serenidade do velho conseguindo impô-las às gerações mais novas: "*Confesso*, acrescenta nesse sentido Catão/ Cícero, *não sentir de modo algum essa falta, nem quando adolescente eu lamentava não ter a força do touro ou do elefante! É preciso se servir do que se tem e, não importa o que se faça, agir em função de seus meios. [...] Talvez pelo orador é que eu poderia temer os inconvenientes da velhice. Todavia, é conveniente que um idoso se expresse com calma e suavidade, e o discurso sereno de um velho eloquente basta muitas vezes para atrair a atenção do público*".

Contudo, ainda assim parece que a velhice nos priva dos prazeres mais intensos, a começar pelos do sexo. A resposta de Cícero toma então emprestado de Epicuro, segundo o qual o sábio é precisamente aquele que consegue contentar-se com os desejos naturais e necessários, em oposição aos artificiais e supérfluos. Ora, o sexo, embora natural, não tem, no entanto, nada de indispensável, muito pelo contrário, e ao nos livrar dele, a velhice até nos presta um grande serviço: *"Que maravilhoso presente a idade nos dá quando nos poupa do que a adolescência tem de pior! Não há calamidade pior para o homem do que os prazeres do sexo, flagelo mais funesto do que esse pretenso 'presente' da natureza. A busca frenética pela volúpia é uma paixão possessiva e descontrolada. Ela é a fonte da maioria das traições à pátria, da queda dos estados, das conivências funestas com o inimigo. Não há um crime, não há um delito que a concupiscência não possa inspirar!"* Deve-se notar que aqui também, assim como na negação do livre-arbítrio e na injunção de se curvar ao real assim como ele é, estoicismo e espinosismo estão na mesma sintonia.

De fato, como Deleuze foi forçado a admitir numa de suas aulas sobre Espinosa (em 17 de março de 1981) diante de um auditório de jovens participantes do Maio de 1968 que teriam gostado de ouvir o contrário, que seu filósofo favorito, Espinosa, não era muito ligado em sexo: *"Acredito que Espinosa,* Deleuze confidenciou-lhes, *era fundamentalmente casto, como todos os filósofos aliás, mas particularmente ele. Por quê? É muito coerente, se preferirem, do ponto de vista do espinosismo..."* Como todos os filósofos? Não sei a que pesquisa Deleuze se refere, mas o que é evidente, no mínimo, é que se tratando de Espinosa e dos estoicos, sua análise está correta. E no restante de sua aula, Deleuze inicia uma longa argumentação explicando as razões fundamentais pelas quais era necessário, segundo a doutrina de Espinosa, renunciar à sexualidade. A questão poderia parecer anedótica, mas não é. Não que se possa recusar a Espinosa e a seus discípulos o direito à castidade – de modo algum! –, mas porque de tanto brincar com as palavras, de lhes dar um duplo sentido, o da moral e o de sua crítica, acabaríamos acreditando que o sábio que vive no amor vive verdadeiramente naquilo que os meros mortais chamam de "amor". Na verdade não é bem assim, pois tanto para um espinosista como para um estoico, trata-se de um amor absolutamente intelectual, de um amor ao mesmo tempo desencarnado e inteiramente centrado no divino cosmos, não desse amor humano vulgar que nem conseguimos imaginar separado de Eros...

Por fim, e desta vez é difícil contestar, a velhice nos aproxima da morte. E daí? O que importa? Das duas uma, nos diz Cícero: ou não há nada depois e, nessas condições, o raciocínio de Epicuro é apropriado: a morte não deve ser temida, uma vez que, quando ela está, não estamos mais e, quando estamos, é ela que não está! Ou então, segunda hipótese, é a argumentação de Platão que prevalece, ou seja, que a morte liberta a alma desta prisão que é o corpo, permitindo-nos assim entrar numa eternidade de alegria e de beatitude. Portanto, seja como for, que sigamos Epicuro, ou que ouçamos Platão, é absurdo temer a morte, sendo o sábio aquele que se libertou desse medo insensato: *"Como é lamentável o velho que, depois de ter vivido tanto, não conseguiu aprender a desprezar a morte! É preciso ou desprezá-la completamente, se pensarmos que ela acarreta o desaparecimento da alma; ou de-*

sejá-la, se ela conferir a essa alma sua imortalidade. Não existe outra alternativa". E retomando o mito platônico da encarnação da alma num corpo *(sôma)* considerado como uma prisão *(sèma)* da qual a morte nos liberta para reencontrar a luz do mundo inteligível, Cícero opta com otimismo pela hipótese platônica...

Confesso que ao ler Cícero não pude deixar de pensar na fábula de La Fontaine *A raposa e as uvas*: como não consegue pegar os objetos do desejo, que tal considerá--los ruins, como a raposa que não conseguindo pegar as deliciosas uvas que tanto cobiçava declara *"verdes demais e boas para os tontos"...*

O projeto para aumentar a longevidade rompe radicalmente com as cosmologias antigas

De fato, como Allen Buchanan, um dos pais fundadores do projeto transumanista, mostra em seu livro *Beyond Humanity?* [Além da humanidade?] (Oxford University Press, 2011), o projeto de alongar a vida humana rompe claramente com as sabedorias antigas, e mais geralmente com todas as ideologias que divinizam a natureza, que sacralizam a ordem do mundo como se ela fosse intocável e que, portanto, nos afirmam erradamente que a sabedoria consistiria em se harmonizar com o destino. Nesse espírito antinaturalista, Buchanan se empenha em resumir em poucas linhas as principais críticas filosóficas, teológicas e morais avançadas pelos "bioconservadores" contra o projeto de aumentar a longevidade. Eis como ele resume os mais fortes argumentos dessas críticas antes de expor sua resposta:

"Pela primeira vez a biologia humana e o próprio genoma humano podem ser moldados pela ação humana. Mas [segundo os tradicionalistas] o organismo humano é uma totalidade equilibrada e regulada de maneira fina, produto de uma evolução exigente e complexa. Portanto, é totalmente desarrazoado se divertir saqueando a sabedoria da natureza, a obra-prima do Mestre engenheiro da evolução, com o objetivo de ser ainda melhor. A situação atual não é perfeita, lógico, mas é claramente satisfatória. Por conseguinte, é um erro assumir tais riscos com o simples propósito de um melhoramento. Aqueles que visam um melhoramento [enhancement] biomédico desejam, na verdade, alcançar a perfeição. Eles são levados por seu desejo, mas essa atitude é totalmente incompatível com aquela que consiste em apreciar pelo seu justo valor o que nos é dado, com o sentido de gratidão pelo que já temos..."*

Aí estão, com efeito, resumidas em poucas palavras as principais críticas que moralistas e teólogos "naturalistas" não deixam de fazer em nome de seu retorno às sabedorias antigas, e mesmo à filosofia de Tomás de Aquino e à sua concepção da lei natural, ao projeto de aumentar a longevidade. Segundo Buchanan, as objeções desses

---

* A partir da tradução feita por Luc Ferry para o francês [N.T.].

novos tradicionalistas são *"dramaticamente falsas"* (*dead wrong*), nenhuma delas merecendo o apoio de um espírito minimamente racional. Eis o que Buchanan lhes opõe e o que seu livro se empenha em desenvolver:[20]

"Desde que existem seres humanos nesta Terra, a ação deles modificou e moldou continuamente a biologia humana e alterou o genoma humano: toda uma série de melhoramentos das capacidades humanas, desde a revolução agrária até a construção das cidades, das instituições políticas e das tecnologias avançadas do transporte, desencadeou processos de seleção natural e misturou pacotes de genes antes isolados. O organismo humano não é de maneira alguma uma 'totalidade equilibrada e regulada de maneira fina', e isso porque a evolução não cria organismos harmoniosos e 'completos'. Muito pelo contrário, ela produz tentativas variáveis, provisórias e em ziguezague de soluções ad hoc *para problemas efêmeros de 'design', zombando enormemente do bem-estar humano. A natureza nada tem de sábia (nem de não sábia), e a evolução não é de maneira alguma comparável a um processo conduzido por um Mestre engenheiro. Ela se assemelha muito mais a um faz-tudo extremamente agitado, cego e totalmente insensível no plano moral. A situação de milhões de seres humanos não tem nada de satisfatório, e para melhorar a vida deles, e mes-*

---

20. Analisei esse debate de forma mais detalhada em meu livro *La Révolution transhumaniste* (2016) [A revolução transumanista. Santana do Parnaíba: Manole, 2018], por isso não o retomo muito mais aqui.

mo para preservar o bem-estar dos mais favorecidos dentre nós, pode ser necessário realizar melhoramentos biomédicos. Para resolver os problemas que nós mesmos criamos – como poluição, superpopulação, aquecimento climático – os seres humanos deveriam aumentar suas capacidades intelectuais e talvez até mesmo morais. A busca de melhoramentos biomédicos não é a busca da perfeição, é apenas a de um aperfeiçoamento. Desejar melhorar certas capacidades humanas com a finalidade de aumentar o bem-estar humano ou de preservar aquele de que já desfrutamos não tem nada a ver com um desejo de domínio total. Uma justa apreciação do que já temos é inteiramente compatível com a busca de um aperfeiçoamento, e ela pode exigir melhoramentos se esses forem necessários para preservar o que está bom no que já nos é dado".

A aceitação das idades da vida faz parte do modelo naturalista que funda e estrutura as sabedorias antigas, de modo que entre o ideal do "envelhecer bem" ao qual nos convida Cícero e a recusa moderna da velhice, considerada no limite como uma espécie de patologia que poderia ser curada, a oposição é irredutível. Mas para bem compreendê-la é preciso ir mais longe. Não é em vão que as ideologias da felicidade pela resignação nos convidam a tomar como modelo definitivo o pensamento de Espinosa, uma doutrina que, se possível ainda mais do que a dos estoicos, nos convida a nos reconciliar com a realidade em vez de forjar o projeto "delirante" de querer minimamente transformá-la. Sendo claro desde o início, e mostrarei por que a seguir, penso que longe de iluminar nossas vidas, o pensamento de Espinosa as obscurece como nenhuma outra filosofia ao negar o poder de liberdade, de responsabilidade e de transformação deste mundo que é o nosso.

Gostaria de deixar uma coisa bem clara, perdoe-me por insistir uma última vez: por trás do nosso debate sobre a longevidade, o que está em jogo é a questão mais profunda da liberdade, ou seja, a questão de saber se a sabedoria consiste em aceitar o que é, em fluir com a ordem da natureza para sempre lhe dizer "sim" ou, ao contrário, em lhe dizer claramente "não" quando necessário, quando essa ordem é iníqua ou pouco satisfatória, quando devemos assumir nossa liberdade entendida como uma capacidade de se descolar da natureza e da história para nos voltarmos contra elas, para criticá-las e transformá-las se consideramos que podemos e devemos fazê-lo. Ora, desse ponto de vista, Espinosa é de todos os filósofos aquele que nega mais veementemente qualquer legitimidade à noção de livre-arbítrio. Melhor e mais do que qualquer outro, oferece-nos o modelo perfeito, num estado por assim dizer quimicamente puro, das filosofias da sacralização da natureza e da resignação ao que é, nesse sentido é indispensável compreender a lógica fundamental de seu sistema se quisermos nos emancipar dele e ir mais longe.

O DVD de Espinosa ou por que é, segundo ele, "delirante" querer mudar o mundo

Segundo Levinas, que nesse ponto acompanhava Kant, mas também Husserl e seu mestre Heidegger[21], o espinosismo representa na história da filosofia o auge das ilusões da metafísica, uma espécie de ápice nas pretensões do racionalismo dogmático de provar que o curso do mundo está inteiramente submetido a um determinismo implacável[22]. O espinosismo cede às miragens tanto mais poderosas porque se adornam ainda hoje com o belo nome de "racionalismo" e porque prometem a todos que queiram seguir seus ensinamentos aceder a uma sabedoria de vida que também conduz a uma eternidade de alegria. Simplesmente isso! Então é melhor colocar as cartas na mesa desde o início, como Althusser gostava de dizer quando falava de Espinosa ao deixar claro diante de seus alunos que *"[suas] cartas eram as do marxismo-leninismo"*: subscrevo plenamente o julgamento que é agora o de meu amigo André Comte-Sponville segundo o qual *"Espinosa oferece da sabedoria, portanto também da vida humana, uma visão truncada, enganadora e ilusó-*

---

21. Levinas não considerava Espinosa apenas como um "traidor do judaísmo", mas como o arquétipo da "metafísica da subjetividade" no sentido que Heidegger dava a essa expressão. A esse respeito, ver os artigos dedicados a Espinosa em *Difficile liberté* (1963).

22. No mais, não é por acaso que a maioria dos intelectuais maoistas ou comunistas da minha geração era espinosistas.

ria"[23], um julgamento severo, certamente, mas tanto mais interessante porque emana de um pensador que também foi um espinosista fervoroso, um leitor da *Ética* de cuja competência ninguém pode duvidar quando se trata do conhecimento dos textos, bem como da interpretação do pensamento de Espinosa.

Vamos voltar a isso, voltar às razões que levaram André a se distanciar definitivamente do espinosismo. Contudo, se a desconstrução das ilusões de sua metafísica dogmática fosse apenas um exercício intelectual desprovido de interesse, eu o teria de bom grado deixado de lado. O problema é que adquiri a convicção, lendo as obras recentemente dedicadas a Espinosa e em particular as que se referem a ele em nome da psicologia positiva e das ideologias da felicidade, de que alguém que permanecesse com a visão da vida e da sabedoria "enganosas e ilusórias" que eles pretendem nos ensinar não poderia simplesmente compreender nada sobre o espiritualismo laico que proponho aqui e que está ligado tanto ao racionalismo crítico (o único verdadeiro para mim), à defesa da ideia de liberdade, como também ao que chamei de "humanismo da alteridade e do amor", três pilares de uma espiritualidade que veremos no próximo capítulo em que medida eles dão sentido ao projeto de alongar a vida humana.

---

23. "Nous avons été spinozistes" [Nós éramos espinosistas], palestra proferida por André Comte-Sponville na Sorbonne, na Association des amis de Spinoza, sábado, 20 de outubro de 2018.

Ora, essas duas filosofias, a de Espinosa e a que desenvolvo aqui a partir do racionalismo crítico, da fenomenologia mas também de uma filosofia do amor, são absolutamente incompatíveis, de modo que o leitor que talvez tenha embarcado no caminho da *Ética* de Espinosa não teria simplesmente chance alguma de ir mais adiante no que proponho aqui. A desconstrução desse sistema metafísico, dessa doutrina que fascina como uma miragem no deserto, parece-me, pois, uma passagem obrigatória. Em outras palavras, os interesses da razão que estão em jogo nessas duas visões de mundo remetem a formas de espírito, bem como a dimensões do pensamento tão opostas que é impossível escolher entre elas sem ter tomado consciência dos desafios que cada uma delas acaba trazendo, digamos: de um lado uma metafísica dogmática associada à ideia de uma felicidade eterna e de uma reconciliação com o real na dimensão do presente (*amor fati*), do outro um racionalismo resolutamente reflexivo e crítico, associado à ideia de uma perfectibilidade infinita, de um melhoramento sempre possível do real, uma visão de mundo que se inscreve menos no presente do que na consideração de um futuro que não poderia ser separado de seu passado caso se deseje um dia compreendê-lo e, por que não, melhorá-lo, visto que, ao contrário do que pretende Espinosa, ele é tudo menos perfeito. Sem um trabalho sério de desconstrução das ilusões da metafísica dogmática, cujo modelo acabado é o espinosismo, é impossível compreender seja o que for do ponto de vista a um só tempo emancipador e reflexivo trazido hoje por uma filosofia crítica revisitada e profundamente renovada pela fenomenologia, como tento fazer neste livro.

Proponho, pois, ao meu leitor que me siga. Sejamos francos: o caminho é árduo, mas prometo que, mesmo que não seja um historiador da filosofia, ele poderá não só compreender profundamente os desafios mais fundamentais dessa querela filosófica, como também verificar por si mesmo nos textos a qualidade dos argumentos trocados.

Dois pontos de vista sobre o mesmo filme...

Para o leitor que nada conhece da obra de Espinosa, mas também para os "especialistas" em história da filosofia e mesmo para os espinosistas, proponho uma metáfora, ou melhor, uma alegoria que me parece colocar de maneira tão límpida quanto adequada os principais problemas levantados pelo pensamento de Espinosa.

Imagine o seguinte roteiro: você está tranquilamente em seu quarto, uma noite, e decide assistir a um filme que um amigo garantiu que é incrível, cheio de reviravoltas inesperadas e emocionantes, em suma, uma história de aventuras trepidante e bem-costurada como a gente gosta. Seu amigo deixou claro que o filme foi dirigido por um cineasta genial. Você insere o DVD no leitor[24], as pri-

---

24. Sei muito bem que hoje em dia a maioria das pessoas não utiliza DVD, mas a imagem é eloquente, por razões que vamos compreender a seguir, principalmente porque, num DVD, o início e o final da história estão presentes de imediato.

meiras imagens aparecem na tela e você começa a acompanhar a trama se colocando mais ou menos no lugar dos diferentes personagens. Claro, há vilões que arquitetam planos diabólicos para eliminar os mocinhos, escravizar o mundo e se aproveitar da candura dos mais fracos, mas há também alguns tipos corajosos, amigos fiéis, sem falar em algumas jovens deslumbrantes que certamente se deixarão seduzir pelo herói (a menos que seja o contrário...). É tudo bem banal, concordo, mas os episódios se encadeiam tão bem, com aquela mistura de eventos esperados e de bifurcações imprevisíveis que você quer saber o que ainda vai acontecer. Você entra no jogo, tanto mais facilmente porque as imagens são sublimes e os atores tão convincentes que você se deixa levar: tomado ora pela indignação, ora pelo sentimento de pavor, pelo riso, pela esperança, pela alegria ou pela tristeza, até se surpreende com o fato de esse filme ter despertado em você uma bela gama de paixões humanas.

Sem nem perceber, você acaba de entrar com os dois pés no mundo de Espinosa. Agora poderá desemaranhar todas as consequências, inclusive, apesar da simplicidade aparente da alegoria, as mais sofisticadas, contanto que compreenda que há nesse filme dois pontos de vista antitéticos: primeiro o seu, o do espectador que descobre pouco a pouco a história num tempo que poderia ser chamado o da inocência ou da ingenuidade. Ignorando tudo sobre o roteiro, você nunca sabe como os acontecimentos vão mudar, se o herói vai vencer ou não os vilões, se um falso amigo não vai traí-lo no pior momento, se ele vai perder alguém próximo ou vai poder salvá-lo, se ele mesmo não vai ceder a alguma fraqueza, se o amor que sente pela bela mulher é recíproco etc. Nessas condições, tudo ainda é possível, tudo pode acontecer: você está então imerso no que um espinosista chamará de "ilusão dos possíveis", nessa crença ingênua na ideia de que vários futuros se desenham mas nenhum deles é predeterminado.

Mas é claro que existe um ponto de vista completamente diferente sobre o filme, o do diretor, ou simplesmente o da pessoa que já o viu, o ponto de vista, portanto, do final da história, do final do DVD, final que na realidade já está presente desde a origem – nesse sentido o tempo da inocência e da ingenuidade é apenas uma ilusão ligada ao ponto de vista do espectador ignorante, uma vez que em si ou em verdade, tudo já está gravado desde o início, se não em mármore, pelo menos no plástico do disco. Na realidade, não existem, portanto, alternativas possíveis nessa história, nenhum "ou isso, ou aquilo", nenhuma bifurcação possível na narrativa. Tudo já está dado, tudo é absolutamente necessário e está determinado nos mais ínfimos detalhes, até nas mais ínfimas palavras ditas pelos personagens, até nos seus mais ínfimos gestos.

Talvez digam que o ponto de vista do espectador inocente é o do ser humano que vive no que Espinosa chama de "conhecimento inadequado" (conhecimento de primeiro gênero): como está imerso na ignorância do roteiro, ele acaba cedendo à ilusão dos possíveis. Por contraste, o ponto de vista do final do DVD, que é o do diretor dotado de um conhecimento perfeito e adequado da trama (conhecimento do terceiro gênero), corresponde tanto quanto possível para um ser humano ao de um deus onisciente e onipotente, um Ser supremo que já saberia tudo, simplesmente porque Ele próprio teria organizado tudo desde toda a eternidade, um ser para o qual, por conseguinte, tudo estaria determinado de maneira absolutamente necessária e intangível, sem uma mínima falha possível.

Com esse esquema, você já terá um bom ponto de partida para compreender as principais teses do sistema de Espinosa. Nessa alegoria dos dois pontos de vista sobre a história, o ponto de vista humano e o ponto de vista divino, o do início do DVD e o do final, do ignorante e do onisciente, encontramos as principais características que fundam não só a teoria espinosista do conhecimento (a passagem do conhecimento inadequado ao conhecimento adequado), mas também sua pretensa sabedoria até e inclusive em sua promessa maravilhosa de nos guiar para uma eternidade de alegria – o que, é preciso admitir, tem algo para entusiasmar os espíritos inclinados a acreditar em milagres.

Desdobremos agora essas teses uma a uma, sem deixar de ilustrá-las com os textos do próprio Espinosa a fim de apoiar seriamente a argumentação e de permitir que meu leitor julgue por si mesmo.

1) Se o determinismo é absoluto, se não existem mais "possíveis", se tudo por definição já está dado em nossas vidas do ponto de vista de Deus (do final do DVD) de forma que não há nada que possamos mudar no que nos acontece, então "perfeição" e "realidade" são termos sinônimos.

Expliquemos esse ponto que comanda toda a filosofia de Espinosa. Como já está claro, não existe evidentemente em nosso filme – em nossas vidas – eventos possíveis além daqueles que já estão gravados desde o início no DVD. É apenas do ponto de vista do conhecimento inadequado do espectador ingênuo, daquele que não conhece ainda o final do filme, que a crença segundo a qual a história poderia seguir numa direção e não em outra pode se justificar, mas em si ou do ponto de vista de Deus (do final do filme, do sábio ou do diretor), essa crença é puramente ilusória. Ela decorre daquilo que Espinosa, no Apêndice ao livro I da *Ética*, chama de "delírio", uma patologia que caracteriza o ignorante em oposição ao sábio, uma ilusão engendrada pelo conhecimento inadequado que pouco a pouco desaparece à medida que nos elevamos ao conhecimento adequado das causas que determinam todos os eventos encadeados de maneira perfeita na trama. Portanto, quando o espectador acredita que é possível que tal evento X aconteça em vez de tal evento Y, ele se encontra em pleno delírio, está nos antípodas do ponto de vista da verdade de que Deus dispõe, o cineasta ou o sábio que conseguiu elevar-se ao nível do conhecimento adequado dos encadeamentos de causas e de efeitos que formam o tecido da trama (do real) até nos mais ínfimos detalhes.

Do ponto de vista de Deus ou do roteirista, não há, portanto, diferença alguma entre o real e o possível, os dois coincidem perfeitamente – por isso que, na *Ética*, Espinosa pode escrever tranquilamente: *"Por perfeição e por realidade entendo a mesma coisa"*, não no sentido de que tudo no filme seria perfeito (há canalhas entre os personagens, crimes atrozes e, como diz Espinosa numa carta à qual voltaremos, *"um rato não é um anjo"*, nem *"um bandido um santo"*). Mas se considerarmos o conjunto em sua totalidade, o filme por inteiro, devemos reconhecer que ele é excelente: era preciso que houvesse também vilões ao lado dos bons, caso contrário o roteiro teria sido desinteressante e, portanto, menos perfeito.

Temos aliás um equivalente muito eloquente dessa noção de perfeição (que para nós compreende, no entanto, imperfeições) quando falamos hoje da "biodiversidade". Não gosto do mosquito que me pica, nem da vespa que zumbe nos meus ouvidos quando almoço no verão no jardim, menos ainda das formigas que invadiram o armário, mas do ponto de vista da diversidade biológica, a noção de prejudicial não tem lugar algum. Em outras palavras, o real é perfeito, não no sentido de que tudo nele seria perfeito "para nós", mas porque ele não pode ser diferente do que é e porque, além disso, ele seria, em si exceto para nós, menos perfeito se não compreendesse toda a hierarquia dos seres, como o filme policial seria impensável sem os vilões, e a biodiversidade menos diversa sem o mosquito, a vespa e as formigas. Como diz Leibniz, e neste ponto Espinosa e ele estão apenas dizendo a mesma coisa[25], se Deus tivesse criado mil Virgílios, se tivesse feito existir apenas gênios, o mundo seria paradoxalmente menos perfeito do que o nosso, que compreende todos os níveis de seres, do ignorante ao sábio.

2) Nessas condições, o livre-arbítrio (isto é, a faculdade de escolher entre "possíveis", entre opções diferentes) é uma ilusão literalmente "delirante".

Do ponto de vista do racionalismo crítico de Kant e de Popper, talvez seja esta a tese mais fundamental e mais inaceitável do sistema espinosista: segundo o racionalismo dogmático de Espinosa, não pode haver livre-arbítrio, liberdade de escolha entre opções possíveis, pela boa e simples razão de que não existe, como acabamos de ver, simplesmente nenhum possível, a não ser do ponto de vista "imaginário" da ilusão ligada à ignorância do final do filme. Só o espectador inocente, o ser humano que ainda não alcançou o conhecimento verdadeiro, portanto

---

25. *"Na maioria das vezes temos o hábito de raciocinar da seguinte maneira: se todas as coisas resultaram da natureza supremamente perfeita de Deus, de onde então provêm tantas imperfeições na natureza, como a corrupção fétida, a feiura nauseabunda, a confusão, o mal, a culpa etc.? É fácil, como acabo de dizer, refutar esse argumento... Aos que perguntam por que Deus não criou os homens de modo que possam se governar sob a conduta exclusiva da razão, respondo apenas que não lhe faltou matéria para criar todo tipo de coisas, desde o mais alto grau de perfeição até o mais baixo..."* (Ética, Apêndice à parte I).

também não a sabedoria verdadeira, pode imaginar que, algumas possibilidades estando abertas, o herói é dotado de uma capacidade de escolher entre elas livremente, crença que Espinosa considera absurda, uma vez que está simplesmente ligada ao fato de que o ignorante não conhece nem as causas dos eventos, nem o final da história, embora com um pouco de raciocínio e de inteligência ele pudesse suspeitar que ela já existe em si, do ponto de vista de Deus, do sábio, do cineasta, do final do DVD e da verdade. Por isso Espinosa, que sustenta, graças a um famoso argumento, o argumento ontológico (na verdade, como veremos adiante, um sofisma infantil), que o ponto de vista de Deus é ao mesmo tempo real e verdadeiro, tenta demonstrar que o livre-arbítrio decorre simplesmente da ignorância das causas que nos determinam e do delírio que essa ignorância suscita em nós[26].

---

26. Como diz a *Ética* (parte I, prop. 29): *"Na natureza não existe nada de contingente, mas tudo está determinado pela necessidade da natureza divina de existir e de agir segundo uma modalidade particular".* Eis como ele esclarece sua crítica do livre-arbítrio numa famosa carta (para Schuller): *"Para que fique claro e inteligível, concebamos uma coisa muito simples: uma pedra, por exemplo, recebe de uma causa exterior que a empurra uma certa quantidade de movimento e, se a impulsão da causa exterior cessar, ela continuará necessariamente a se mover. Essa persistência da pedra no movimento é um constrangimento... O que é verdadeiro para a pedra, é preciso percebê-lo para toda coisa singular, seja qual for a complexidade que convenha ao senhor atribuir a ela, por mais numerosas que possam ser suas aptidões, porque toda coisa singular é necessariamente determinada por uma causa exterior para existir e para agir de certa maneira determinada. Imagine agora, por favor, que a pedra, enquanto continua a se mover, pense e saiba que está se esforçando, tanto quanto pode, para se mover. Essa pedra, seguramente, uma vez que ela tem consciência apenas do seu esforço e ao qual não é de modo algum indiferente, acreditará que é muito livre e que só persevera em seu mo-*

3) Sendo o real perfeito (o que, mais uma vez, não quer dizer que tudo nele seja perfeito do nosso ponto de vista finito, que não haja vilões, imbecis, genocidas e crimes atrozes, mas que a totalidade do real é perfeita[27]

vimento porque quer. Tal é essa liberdade humana de que todos se gabam de possuir e que consiste apenas no fato de que os homens têm consciência de seus apetites e ignoram as causas que os determinam. Uma criança acredita livremente querer leite, um jovem irritado querer se vingar e, se for covarde, querer fugir. Um bêbado acredita dizer por um livre-decreto de sua alma aquilo que depois, quando sóbrio, ele gostaria de ter calado. Da mesma forma, um delirante, um tagarela e tantos outros da mesma laia acreditam agir por um livre-decreto da alma e não se deixar constranger. Essa presunção é natural, congênita, entre todos os homens e dela não se libertam facilmente" (carta 58 a Schuller). Deixemos de lado por um momento as inverossimilhanças que atravessam as comparações feitas por Espinosa. Por exemplo, não se percebe muito bem por que uma pedra lançada como um projétil, ainda que hipoteticamente se admita que esteja dotada de consciência, teria o sentimento de fazer um esforço quando, justamente, ela não faz nenhum: a criança que alguém empurra no balanço alegra-se precisamente por não ter de fazer o menor esforço para balançar. Deixemos de lado também o fato de o homem em jejum e o bêbado serem colocados no mesmo nível, ao passo que a vergonha daquele que disse barbaridades quando embriagado vem evidentemente da existência de uma diferença significativa e muito perceptível entre os dois estados. Limitemo-nos a extrair a consequência à qual Espinosa quer chegar, ou seja, que, do ponto de vista de Deus, isto é, da verdade, a liberdade é pura ilusão, o possível é perfeitamente idêntico ao real, podem ser sobrepostos e só se distinguem para o ignorante que delira e acredita, como a pedra ou como o bêbado, na finalidade livre de suas ações. Por que, então, acreditamos na existência do livre-arbítrio, na possibilidade de escolha? A resposta de Espinosa: *"É porque estamos firmemente persuadidos de que o corpo se move ou se imobiliza apenas pelo comando do espírito, e que realiza um grande número de ações que dependem apenas da vontade do espírito"* (*Ética*, parte III, prop. 2, esc.). Ora, se isso não é a ilusão por excelência.

27. No DVD de Espinosa, há evidentemente bons e maus, paixões tristes em abundância e, no entanto, ele está sempre afirmando que o real é inteiramente perfeito, o que é absolutamente explicável, uma vez que o que conta é a perfeição do todo: não julgamos este ou aquele personagem para afirmar que o filme é bom ou ruim, mas julgamos o conjunto. Não

justamente por incluir toda a hierarquia dos seres – dos "graus de potência" como diz Espinosa), uma vez que não há mais nem possíveis, nem livre-arbítrio, as paixões tristes, que supõem sempre que o real poderia ou deveria ter sido diferente do que é, e mesmo melhor (o que é a própria absurdidade do ponto de vista de Deus ou do final do filme), são banidas do universo do sábio.

É aqui, neste momento crucial, que o sistema do racionalismo dogmático passa da teoria à prática, do pretenso conhecimento perfeito a uma ética da sabedoria e da salvação. É essencial compreender bem por que a sabedoria que Espinosa nos propõe consiste simplesmente em se aproximar tanto quanto possível para um humano do ponto de vista de Deus (no final do DVD) – portanto

---

passaria pela cabeça de ninguém dizer que um filme é ruim porque ele destaca personagens dos quais não gostamos, nazistas, violadores, assassinos, trapaceiros, tiranos, padres ou escravos. Portanto, quando Espinosa declara que real = perfeição, ele se coloca evidentemente do ponto de vista do todo, como Leibniz e pelas mesmas razões (a vontade consequente de Deus se reúne à sua potência infinita). Hitler não equivale a Jesus, nem um bandido a um sábio, mas essas considerações moralizantes não têm interesse algum do ponto de vista da totalidade que é de qualquer forma perfeita e que implica, portanto, igualmente a presença de ambos! Querer suprimir Hitler para ficar só com Jesus é absurdo, digno do conhecimento do primeiro gênero. Querer se livrar dos maus não tem sentido algum, ou em outras palavras: querer se livrar do nazismo entrando na Resistência faz parte do filme da mesma maneira que o policial virtuoso está no roteiro ao lado do assassino em série. Nesse caso, o todo é ao mesmo tempo perfeito e necessário: é aberrante, pois, indignar-se, zangar-se, lamentar-se ou ceder a qualquer outra paixão triste perante o horror dos crimes contra a humanidade. Para dar outro exemplo, o ódio que, em seu livro sobre Espinosa, Deleuze manifesta pelo padre, pelo escravo e pelo tirano decorre não apenas do efeito que as paixões tristes nele produzem, mas, pior, do registro da contradição performativa: ele não pensa seu próprio pensamento.

do que ele chama de "conhecimento do terceiro gênero".

É, com efeito, o único meio de nos livrarmos das paixões tristes, das vergonhas, das lamentações e remorsos, da ira, da indignação e do ódio, mas também da esperança que arruína nossa vida, pois não há, segundo Espinosa, *"esperança sem temor"*: como para o estoico, se espero saúde, riqueza ou alegria, é porque estou doente, pobre e infeliz, e nessas condições, necessariamente, temo sempre mais ou menos não ver minhas esperanças realizadas.

Portanto, é somente pela razão, uma razão que nos indica que tudo está determinado desde a eternidade, que posso enfim me acalmar, reencontrar a serenidade, me reconciliar com aquilo que é, aceitar meu destino na serenidade e na alegria (por isso quando Nietzsche fala de *amor fati*, ele diz pensar *"em seu irmão Espinosa"*). Para compreender melhor esse vínculo indissolúvel entre conhecimento e sabedoria, entre racionalismo dogmático e doutrina da salvação, para perceber melhor essa ideia espinosista segundo a qual o sábio chega ao sentimento da eternidade e, desse modo, a uma vitória sobre os medos que, no homem comum, geralmente acompanham a ideia da morte, é preciso vincular a ideia da salvação (a "soteriologia") à famosa análise dos três gêneros de conhecimento elaborada por Espinosa, esses três níveis de pensamento que se elevam da consciência comum, mergulhada nas ilusões inadequadas da imaginação, à consciência do sábio, que entra no amor intelectual a Deus e compreende a perfeição, a perfeita racionalidade do mundo ao se colocar como Ele, para utilizar nossa alegoria, no final do DVD. Então, em que consistem esses três gêneros de conhecimento, expostos na segunda parte da *Ética* (proposição 40 e seguintes)?

Também aqui, digamos as coisas sem complicações inúteis.

4) Os graus de sabedoria são apenas as consequências dos graus de conhecimento.

O primeiro nível, o do conhecimento do "primeiro gênero", é o nível mais baixo, o da opinião falsa (do espectador ingênuo), da *doxa*, das crenças ilusórias da imaginação. No mais das vezes é um conhecimento de "ouvir dizer" que ignora tudo dos encadeamentos das causas e dos efeitos que dominam o curso do mundo (da história, bem como da natureza). Vejamos alguns exemplos de hoje em dia: disseram-me que era preciso apertar o botão "liga/desliga" para ligar meu aparelho de televisão, girar a chave do meu carro para fazer o motor funcionar, atender o telefone quando este toca e dizer "Alô", mas sobre as razões dessas ações não tenho na verdade nenhum conhecimento verdadeiro: são coisas nas quais acredito, que vão além do que sei, pois na realidade não entendo nada, não tenho nenhuma ideia científica adequada sobre a maneira como todos esses aparelhos funcionam, sobre o modo como se encadeiam as causas e os efeitos. Na maior parte de nossas ações cotidianas, estamos presos a esse tipo muito inferior de (pseudo) conhecimento.

Há que se notar sobretudo – e desse modo retornamos aqui ao vínculo essencial que Espinosa pretende estabelecer entre razão e sabedoria, entre conhecimento e ética –, que a cada nível de conhecimento corresponde uma atitude espiritual, um nível de sabedoria. Nesse primeiro estágio, repleto de falsidade e de ignorância das causas que determinam os eventos naturais, bem como das ações das pessoas, ainda estamos mergulhados na ilusão dos possíveis e, com ela, na do livre-arbítrio, nesse "delírio" que nos leva a crer na contingência dos eventos, que nos leva a imaginar que as coisas poderiam ser diferentes do que são. Portanto, o ignorante está inevitavelmente entregue às "paixões tristes", à indignação, à raiva, à esperança, às vergonhas, às lamentações e aos remorsos, em suma, na confusão, na inquietude e em breve na infelicidade.

Se refletirmos cuidadosamente sobre elas, veremos com efeito que todas essas paixões funestas estão ligadas à ilusão dos possíveis, à ilusão do livre-arbítrio e da contingência, isto é, à convicção infeliz de que as coisas poderiam, deveriam ou poderiam ou deveriam ter sido diferentes do que são, convicção que desaparece no sábio assim que ele compreende que tudo é necessário, que tudo advém pelas causas, em suma, que o real é perfeito, mesmo quando nos parece atroz num ou noutro de seus aspectos particulares. Para chegar à sabedoria verdadeira é preciso então se elevar até o conhecimento do terceiro gênero, um conhecimento que corresponde em nossa alegoria ao ponto de vista que ganhamos apenas quando nos colocamos no final do filme. Desse modo vemos como funciona o intelectualismo de Espinosa, uma metafísica dogmática segundo a qual os graus de sabedoria não dependeriam senão dos graus de conhecimento e de racionalidade, um racionalismo aparentemente profundo, na realidade incrivelmente ingênuo do ponto de vista das ciências verdadeiras, que não são jamais definitivas, que jamais se colocam do ponto de vista de Deus, da onisciência e do fim da história.

Contudo, é preciso acrescentar que entre o primeiro e o terceiro gênero existe ainda um segundo grau, um conhecimento do segundo gênero que Espinosa define como um conhecimento por *"noções comuns e ideias adequadas"*. Aqui já começamos a nos aproximar da verdade, a conhecer os eventos e as ações humanas pelas causas, e mesmo pelo viés de demonstrações, de modo que a noção de contingência e, com ela, a de livre-arbítrio e de possíveis desaparecem pouco a pouco. Ao mesmo tempo, é claro, as paixões tristes também começam a desaparecer. Para o historiador, por exemplo, trata-se menos de julgar moralmente tal guerra ou tal massacre do que compreendê-los e explicá-los pelas causas, quer sejam econômicas, sociais, políticas, ideológicas ou outras. Aqui entramos no campo do conhecimento verdadeiro, do conhecimento científico – o segundo gênero correspondendo, essencialmente, às ciências positivas, à física e à matemática (mas hoje a elas acrescentaríamos as ciências históricas). Poder-se-ia dizer que o conhecimento do primeiro gênero corresponde ao que Platão chamava de "reino da opinião", da *doxa*, ao passo que o segundo gênero é o da ciência, sendo o terceiro o da filosofia verdadeira, a do sábio que consegue, na medida em que é possível para um humano (jamais perfeitamente, portanto), colocar-se do ponto de vista de Deus (do final do DVD).

Para Espinosa, com efeito, o conhecimento científico, embora já esteja na verdade, na inteligência das causas, ainda não é absolutamente perfeito, não exatamente filosófico, porque não se eleva até o nível das essências, nível que apenas a filosofia autêntica (o conhecimento do terceiro gênero) vai permitir alcançar. Em outras palavras, o conhecimento do segundo gênero corresponde ao conhecimento daquele que chegaria ao meio do filme, ignorando, pois, o início e o final, mas que ainda assim teria consciência de que o final já existe necessariamente e que, então, tentaria reconstituir encadeamentos lógicos, encadeamentos de causas e efeitos sem se deixar cegar pela ideia delirante de uma livre-escolha entre possíveis. Claro está que um cientista sério não pretenderá jamais conhecer nem a origem do mundo, nem o fim do mundo e da história, nem as causas primeiras, nem as causas últimas, mas faz o possível para racionalizar o entremeio.

O conhecimento do terceiro gênero vai mais longe. Ele corresponde ao ponto de vista do cineasta que já conhecia tudo e concebeu tudo do começo até o fim. Por isso ele é uma metáfora de Deus ou da onisciência, de um conhecimento perfeito que saberia afinal que tudo é racional, que tudo está determinado a partir dessa causa primeira, causa dela mesma (*causa sui*), que é o Ser supremo. Seria aquilo que Hegel mais tarde chamará de "saber absoluto", a inteligência a um só tempo sistemática e exaustiva da necessidade, inteligência que supostamente engendraria a sabedoria e a felicidade, e mesmo uma "eternidade de alegria", uma vez que estaríamos enfim livres de todas as paixões tristes ligadas à ilusão dos possíveis, da contingência e do livre-arbítrio. É bom deixar claro também que esse pretenso ponto de vista de Deus, Espinosa só consegue demonstrar a existência dele servindo-se do argumento ontológico, um sofisma pueril no qual hoje mais ninguém pode seriamente acreditar (a esse respeito, coloco em nota uma explicação adicional para o leitor interessado em se aprofundar no assunto[28]).

---

28. Para compreender melhor em que consiste esse conhecimento do terceiro gênero, é preciso lembrar de dois elementos. O primeiro é que a fórmula segundo a qual Deus é causa de si mesmo deve ser compreendida em Espinosa como uma reformulação do argumento ontológico, aquela famosa prova da existência de Deus segundo a qual a essência de Deus (sua própria definição) implica sua existência – nesse sentido Ele é realmente causa de si mesmo. Deus é concebido necessariamente como um ser possuidor de todos os atributos, de uma infinidade de qualidades (embora só conheçamos duas delas: o pensamento e a extensão). Ora, a existência é um atributo, portanto Deus existe necessariamente: sua essência, sua definição mesma implicam sua existência. O segundo elemento que é preciso ter em mente é que, nessas condições, Deus se confunde com o mundo, com a totalidade do que é. É o que chamam de "panteísmo", que a famosa fórmula espinosista, *Deus sive natura* – Deus, isto é, a natureza – expressa tão bem. Será necessário, pois, distinguir na natureza, como distinguimos em Deus a essência e a existência, dois momentos (embora sejam, é claro, ontologicamente idênticos: o espinosismo é um monismo em todos os níveis): a essência da natureza ou "natureza naturante" e a realidade existente

Como Espinosa sempre insiste, e é crucial para fundar sua doutrina da sabedoria, da alegria e da salvação, esse determinismo absoluto não vale apenas para todas as nossas ações, mas também para todas as intenções que as acompanham e que também são, sem que o ignorante que vê o filme tenha consciência delas, efeitos de sua essência (de seu "grau de potência", como diz Espinosa no vocabulário da metafísica de sua época). Convido-o a ler e a meditar seriamente sobre o que Espinosa escreve a esse respeito e você verá que não estou inventando nada, nem exagerando sobre nada. Para compreender o que vem a seguir, basta lembrar que Deus é ao mesmo tempo o roteirista, o diretor do filme, e aquele que se situa no final da história, que conhece, pois, todas as sutilezas desde a origem até o desenlace final. Ele sabe por consequência que não há nem livre-arbítrio, nem possíveis, nem desde

---

da natureza, ou "natureza naturada", pré-formada de algum modo pela primeira. O conhecimento do terceiro gênero é justamente aquele que vai se elevar até o conhecimento de Deus ou da natureza pelas essências e não pelas coisas singulares e pelos signos (*ex singularibus et signis*). No nível do conhecimento do terceiro gênero, o sábio deveria conhecer o mundo como Deus o conhece (ou quase), ele conhece a natureza naturada (as coisas singulares, empíricas) a partir de sua essência (da natureza naturante) e, portanto, ele vê que tudo é necessário e perfeito, que é preciso entender por "perfeição" e por "ser" a mesma coisa, como vimos o próprio Espinosa dizer. Como não há mais contingência nesse nível, portanto não há mais livre-arbítrio nem possíveis, também não há mais nenhuma paixão triste. Mas, além disso, como as essências são eternas, o sábio compreende que o essencial de si mesmo, ainda que ele morra na medida em que seu corpo se dissolve na natureza, é eterno e que nesse sentido ele está salvo por essa maravilhosa doutrina da salvação. CQD!

logo razão alguma para ceder às paixões tristes, uma vez que o real não pode ser diferente do que é desde a eternidade e que nesse sentido, com efeito, ele é perfeito:

"Expliquei a natureza de Deus e suas propriedades, a saber, que Ele existe necessariamente, que é único, que age apenas pela necessidade de sua natureza, que é a causa livre de todas as coisas e de que maneira Ele o é, que todas as coisas são em Deus e dependem dele de modo que sem Ele, elas não podem nem ser, nem serem concebidas, e enfim que todas as coisas foram predeterminadas por Deus, certamente não pela liberdade de sua vontade, ou seja, pelo seu bel-prazer absoluto, mas pela natureza absoluta de Deus, ou seja, por sua potência infinita. [...] As coisas singulares nada mais são, portanto, que afecções dos atributos de Deus, ou seja, modos pelos quais os atributos de Deus são expressos de maneira definida e determinada", por isso a noção de livre-arbítrio, de escolha entre opções possíveis e abertas aos seres humanos, é delirante visto que *"na natureza não existe nada de contingente, mas todas as coisas são determinadas pela necessidade da natureza divina de existir e de produzir o efeito delas de uma certa maneira"* (*Ética*, I, 29).

Essas proposições, que instalam um determinismo absoluto, uma conexão de causas e de efeitos sem a mínima falha possível, não devem ser tomadas levianamente, como se se tratasse de uma tese entre outras que se poderia admitir ou rejeitar sem comprometer o conjunto do edifício[29], sem tornar absolutamente vãs as consequências práticas em relação à sabedoria de vida que serão extraídas por Espinosa ao longo da *Ética*. Ao contrário do que se encontrará por exemplo em Hegel, não há lugar, por menor que seja, para a menor contingência, para a menor falha no encadeamento das causas e dos efeitos que religam entre si os eventos. O sentimento de que poderíamos ter a escolha em nossas vidas entre diferentes opções, entre votar na direita ou na esquerda, chamar ou não o médico quando nosso filho está doente, viajar ou ficar em casa, ir para a praia ou para a montanha etc., está simplesmente ligado à ignorância em que nos encontramos das causas que nos determinam desde a eternidade do ponto de vista de Deus, causas que só são visíveis no final do filme.

Já o sábio, colocando-se tanto quanto possível para um humano desse ponto de vista divino (e é isso que significa o que Espinosa chama de *"amor intelectual a Deus"*, condição da verdadeira sabedoria), compreende que tudo está dado, que tudo está determinado absolutamente, e é só porque ele exclui a ideia de livre-arbítrio, assim como a dos possíveis que ele pode vencer enfim as paixões tristes

---

29. Como veremos adiante, em seu livro sobre Espinosa, Frédéric Lenoir tenta minimizar a importância da negação do livre-arbítrio sem perceber que na realidade tudo depende dele, como esta incoerência não é acidental, mas permite, por assim dizer, jogar de ambos os lados: rejeita-se ou minimiza-se uma tese que hoje ninguém quer ou não pode verdadeiramente aceitar enquanto conserva os aspectos mais agradáveis da doutrina (a alegria e o amor, em vez de tristeza e do ódio: que então aqueles que são contra levantem a mão!).

e assim alcançar a plena serenidade. Eis por que, numa carta (a carta 21 a Blyenbergh), Espinosa religa de maneira perfeitamente explícita sua própria serenidade pessoal à sua certeza absoluta de que tudo está determinado por Deus até nos mínimos detalhes.

"Não deixo de reconhecer que todas as coisas acontecem pela potência do Ser soberanamente perfeito e por seu imutável decreto e é a esse conhecimento que devo minha maior satisfação e minha tranquilidade de alma."

Não poderia haver ilustração melhor para o vínculo que acabo de expor entre a doutrina da sabedoria e o racionalismo dogmático, um vínculo que poderíamos chamar de teológico ou metafísico na medida em que, ao contrário da ciência autêntica e do racionalismo crítico de Kant e de Popper com os quais concordo desde sempre, ele pretende delimitar as causas primeiras tanto quanto os fins últimos. Mesma convicção manifestada um pouco mais adiante, na mesma carta (Espinosa não prima certamente pela modéstia, mas ao menos tem o mérito de ser aqui perfeitamente claro quanto ao vínculo entre conhecimento, sabedoria e felicidade):

"O exercício de meu poder natural de compreender, que não falhou uma só vez, fez de mim um homem feliz. E me regozijo com isso, com efeito, e a ele me consagro através da vida, não na tristeza e nos lamentos, mas na tranquilidade alegre e no contentamento".

Em outras palavras, é na certeza do determinismo absoluto, na convicção inquebrantável que, sendo o livre-arbítrio apenas uma ilusão, Deus é responsável por tudo e eu por nada, que posso encontrar a tranquilidade de alma, bem como uma alegria perfeita associadas à salvação, ou seja, ao sentimento quase experimental que, embora uma parte negligenciável de mim acabe evidentemente morrendo (meu corpo material, que é mortal, acabará um dia se fundindo na natureza...), sou *em essência* (é a palavra que convém, pois trata-se aqui de minha essência imutável em Deus) eterno enquanto eu vivo numa verdade que também é ela mesma eterna. Em suma, a salvação perfeita se atinge pela razão perfeita, pelo conhecimento do terceiro gênero e pelo amor intelectual a Deus (adequando meu espírito com o final do DVD). Sem esse racionalismo e esse determinismo que se pretendem absolutos, a confusão retornaria imediatamente às nossas almas ao mesmo tempo que o sentimento de responsabilidade e, com este último, voltariam a se instalar as paixões tristes, a começar pela culpa, pela esperança e pela indignação, de modo que pouco a pouco, se renunciássemos ao determinismo, não sobraria nada, rigorosamente nada, da pretensa sabedoria espinosista a não ser algumas banalidades para uso das teorias atuais do desenvolvimento pessoal e da psicologia positiva, nada da serenidade alegre que como vimos o próprio Espinosa confessa só chegar a ela a partir desse "racionalismo teológico" que é sua única, indispensável e insubstituível condição.

Devemos, portanto, concluir em boa lógica, *more geometrico* como diria Espinosa, que o sábio, como também o ignorante, é ele mesmo um produto determinado de Deus e não um produto de suas livres-escolhas. Apresentar o pensamento de Espinosa como um guia que poderia nos fazer mudar, que poderia nos ajudar a caminhar na direção de mais sabedoria, *escolhendo* o caminho que a ela conduz, o do conhecimento e não o da ignorância, é portanto uma evidente impostura intelectual, pois em nossas vidas, sejam elas vidas de ignorantes ou vidas de sábios, não há de todo modo escolha alguma possível, uma vez que tudo já está regulado por Deus desde toda a eternidade, inclusive o fato de um dia eu me deparar com um livro de Espinosa ou com um professor que me transmite seu conteúdo. Não podemos nos divertir reintroduzindo um pouco de liberdade aqui ou ali, algumas falhas na história, algumas bifurcações no filme, para fazer nossos alunos ou leitores acreditarem que o espinosismo pode ser um guia para a sabedoria, pois é justamente o fato de tudo estar absolutamente predeterminado, tanto nossos atos quanto nossos pensamentos e nossas intenções, que permite que se livrem das paixões tristes para que cheguem à alegria verdadeira, ao *amor fati* ou, como também diz Nietzsche no mesmo espírito de Espinosa, à *"inocência do devir"*.

Para deixar esse ponto bem claro, pois ele é sistematicamente ocultado pelos espinosistas, e é fácil compreender por quê: o papel de guia, para não dizer de guru, desapareceria para sempre se os discípulos potenciais compreendessem que, de todo modo, tudo já está dado.

5) Como tudo já está escrito, a *Ética* de Espinosa não pode de forma alguma ser um guia para a sabedoria. É sábio aquele que está destinado desde toda a eternidade por Deus a ser sábio e ignorante aquele que está destinado desde toda a eternidade a permanecer assim, e se talvez este último se eleve à sabedoria, isso não aconteceria por uma escolha livre, mas porque Deus organizou as coisas para ele dessa maneira e não de outra.

Em seu livro *O milagre Espinosa*, Frédéric Lenoir sugere ao leitor, aliás como o próprio Espinosa parece inclinado a fazer nas últimas linhas da *Ética*[30], a possibilidade

---

30. Citemos Espinosa: *"O sábio (ao contrário do ignorante) não conhece as emoções, ele é consciente de si mesmo, de Deus e das coisas por uma espécie de necessidade eterna, e jamais deixando de ser, desfruta sempre da verdadeira satisfação da alma. Embora o caminho por mim indicado que leva a esse objetivo pareça muito íngreme, ele é, no entanto, acessível. O que é tão raro de alcançar tem de ser muito árduo. Como a salvação seria possível, com efeito, se ela estivesse bem próxima e que pudesse ser encontrada sem muito esforço, que fosse negligenciada por quase todos? Tudo o que é precioso é tão difícil quanto raro"*. Deixemos de lado, por enquanto (voltaremos a ela um pouco mais adiante), essa ideia, para mim completamente inverossímil, de que o sábio não tem ou quase não tem mais emoções (o que me parece mais a definição de um robô do que de um verdadeiro sábio); também deixemos de lado o fato de ele "jamais deixar de ser", de estar na eternidade (uma crença que, aqui também, me parece mais inquietante, e mesmo delirante, do que sábia, também voltaremos a ela). Por enquanto, o que me interessa nesse texto, o que nele me parece mais marcante, é o fato de ele ser perfeitamente contraditório: de um lado ele esclarece, o determinismo exige, que o sábio é sábio apenas por uma *"espécie de necessidade eterna"*, uma vez que é por Deus que ele é sábio, mas ao mesmo tempo o texto leva a crer que *"trabalhando"* nela, embora seja *"difícil, precioso e raro"*, alguém

de um itinerário magnífico para a sabedoria, desde que ele se esforce com ardor e sinceridade. Lenoir nos lembra que para ele *"todo o percurso da Ética é um caminho da servidão para a liberdade, da tristeza para a alegria"* (p. 116), portanto um caminho "possível" na direção dessa beatitude que vai do ódio ao amor, da ansiedade à serenidade, da ignorância ao conhecimento, da loucura à sabedoria e, *last but not least*, da angústia de morte ao sentimento de que nós mesmos somos eternos e que, para o sábio autêntico, a morte é "quase nada". Nesse sentido a *Ética* aparece mais como uma formidável doutrina da salvação, uma "soteriologia" como diz outro pensador espinosista, Robert Misrahi, no prefácio à sua tradução do principal livro de Espinosa.

Quem poderia ser hostil a uma promessa tão maravilhosa? O problema é que, segundo o determinismo absoluto que como vimos funda não só a sabedoria como também o abandono das paixões tristes, esse caminho já está percorrido desde a eternidade. Portanto, não há uma vírgula que possa modificá-lo, nesse sentido a *Ética* nada pode, nem por você, nem por mim. É apenas colocando-se em pensamento do ponto de vista de Deus, no final da história, que se pode compreender o quão inútil

---

poderia se esforçar para alcançar a sabedoria, ao passo que, segundo a doutrina mais constante do próprio Espinosa, o ignorante está determinado a ser ignorante como o sábio está determinado a ser sábio, e que se o primeiro devesse um dia passar de um estado para outro, também aqui isso aconteceria pela vontade (a potência) de Deus, mas evidentemente não pelo seu livre-arbítrio.

é se indignar, se abalar diante deste ou daquele evento, cair nas paixões tristes como a ira, a esperança ou o juízo moral, recriminar alguém por uma coisa qualquer, ainda que seja o pior dos canalhas: não ter remorsos, arrependimentos, vergonha, temor, indignações, iras, esperanças, nem culpas, mas também nem elogios, valorizações, nem nenhum tipo de juízos morais, uma vez que a necessidade que preside tanto nossas ações quanto as intenções que as acompanham é extremamente rigorosa. Daí a suposta serenidade do sábio autêntico.

Nessas condições, apresentar a *Ética* como uma ajuda "milagrosa" que "poderia" (pois é, agora os possíveis existem?) reorientar nossas vidas, como se "pudéssemos escolher" (?) reorientar seja lá o que for num curso do mundo já escrito desde a eternidade enquanto *a eternidade não pode ser definida pelo tempo, nem comportar nenhuma relação com o tempo*" (*Ética*, V, prop. 23, esc.), como se tivéssemos uma escolha a fazer entre seguir o caminho para a beatitude ou recusar fazê-lo porque é difícil demais, decorre portanto, segundo o sistema do próprio Espinosa, do mais puro delírio. Ora, é essa armadilha que os espinosistas só raramente (na verdade nunca) podem evitar, pois é tão fácil começar a dar conselhos, a fazer recomendações, a se apresentar aos leitores como uma espécie de médico da alma assim como faziam de bom grado os sábios antigos. Eis alguns exemplos desse espinosismo antiespinosista, dessa reintrodução de uma pequena parcela de livre-arbítrio e de possíveis no livro de Frédéric Lenoir sobre Espinosa:

– Página 108, sobre os maus encontros que provocam tristeza e diminuem nossas forças vitais, e os bons que, ao contrário, as intensificam e engendram alegria: *"Pode--se, escreve Lenoir, deixar-se oscilar ao sabor da fortuna, isto é, dos bons ou maus encontros da vida, sem discernimento, nem capacidade de suscitá-los ou evitá-los. É assim que nós vivemos espontaneamente, nos diz Espinosa. [...] Mas podemos também tomar nosso destino em nossas mãos e decidir tornarmo-nos mais lúcidos sobre nós mesmos e sobre os outros, adquirir um melhor conhecimento das leis universais da vida e de nossa natureza singular"*. Sério? Nós "podemos" fazer isso? O mundo de repente voltou a ser repleto de possíveis e de escolhas livres? Nós "poderíamos" então não só pretender que é "possível" tomar o destino em mãos como declarar ainda que ele é totalmente pilotado por Deus desde a eternidade até nos mínimos detalhes, inclusive nas nossas intenções e nos nossos desejos? Ao deixar de lado voluntariamente o que há de mais fundamental no espinosismo, ou seja, o determinismo absoluto, o professor de sabedoria encontra seu lugar e seu aluno sua liberdade de escolha e o controle de sua vida, tudo à custa de uma incoerência tão colossal que nos perguntamos por qual estranha lógica dos interesses e das paixões ela conseguiu passar despercebida.

– Outro exemplo, página 112, em que a contradição se torna ainda mais marcante, se possível. Às vezes somos, escreve Lenoir, o joguete de mecanismos inconscientes, e nisso somos determinados por eles e perdemos nossa liberdade. Muito bem, mas leiamos a sequência: *"Quando tomamos consciência dessa causa inconsciente, podemos nos emancipar. Pois é o conhecimento das causas que liberta e nos permite agir de maneira lúcida, orientando nossa ação e nossa escolha sobre o que nos faz crescer e nos põe em uma verdadeira alegria ativa"*. Caro Frédéric, como você não vê que Espinosa está sempre escrevendo e pensando em cada página da *Ética* que a faculdade de escolher é o arquétipo do delírio e que é justamente o conhecimento adequado das causas que nos liberta dele e também das paixões tristes, permitindo-nos compreender que tudo está dado desde a eternidade e que nenhuma escolha é possível? Como você pode afirmar e negar na mesma frase o livre-arbítrio sem perceber que tem alguma coisa errada?

Navegamos aqui no que os lógicos chamam de uma "contradição performativa" cujo modelo é o seguinte: "Eu estava num barco que naufragou e não houve sobreviventes", frase em que o narrador não se dá conta de que o enunciado contradiz a enunciação. Você afirma junto com Espinosa que o livre-arbítrio (a liberdade de escolha) é um delírio que é a causa de todos os males (as paixões tristes que se apoiam na ideia de que o real poderia e deveria ser diferente do que é), e ao mesmo tempo coloca que, graças a um pouco de lucidez, "podemos" "escolher" reorientar livremente nossas ações! Como na declaração do náufrago que se esquece de si mesmo, o espinosista também se esquece de si ao afirmar duas coisas resolutamente contraditórias: de um lado que é graças à tomada de consciência do determinismo, portanto é graças à afirmação afinal tranquilizadora de que as noções de responsabilidade e de escolha livre entre possíveis decorrem do delírio, que eu abandono as paixões tristes; e, de outro, que posso e devo escolher livremente tomar meu destino em mãos e reorientar minha vida na boa direção, a do conhecimento do terceiro gênero e do amor intelectual a Deus... que negam a possibilidade mesma dessa escolha como escolha livre!

– Mais singular ainda, página 109: *"É aí que intervém a razão*, afirma o amigo Lenoir: *ela nos ajuda a ultrapassar os afetos de prazer e desprazer para escolher o que nos faz bem [...] e renunciar ao que nos faz mal"*. Caro Frédéric, mais uma vez: para Espinosa, a razão autêntica nos leva a perceber só uma coisa, ou seja, que tudo tem uma causa, que tudo em nossas vidas está determinado desde a eternidade e que por isso a noção de escolha entre o bom e o ruim é a absurdidade por excelência. Somente essa convicção, à qual só chegamos por meio de um conhecimento adequado ("amor intelectual a Deus", "conhecimento do terceiro gênero"), funda a sabedoria e a serenidade definitivas, uma vez que não temos mais nenhuma responsabilidade, nem sobre nossa vida nem sobre o curso do mundo, portanto não padeceremos mais de nenhuma paixão triste.

– A mesma contradição retorna em quase todos os parágrafos. Exemplos nas páginas 114-115: *"O desejo [...] não é perigoso em si mas enquanto é mal-orientado, e so-*

bretudo não é preciso suprimi-lo, mas guiá-lo [...]. Não é preciso diminuir ou suprimir o desejo, mas orientá-lo pela razão. Aprender a direcioná-lo [...]. Não é diminuir a força do desejo, é reorientá-lo quando ele está maldirigido e estamos infelizes [...]. É preciso guiar o desejo pela razão e pela vontade e reorientá-lo para bens verdadeiros, que elevam o homem em vez de aviltá-lo ou de rebaixá-lo" etc. etc. etc., ou seja, uma inverossímil sequência de "é preciso", de imperativos categóricos (p. 117: *"Aumenta teu desejo, reorienta-o, não te engana mais de alvo"*) e de "você deve!", na verdade bastante kantianos e radicalmente antiespinosistas, que o professor de sabedoria deve então reintroduzir fraturando o determinismo, pois sem isso ele corre um forte risco de ficar desempregado: Para que então oferecer lições de vida e de sabedoria se nenhum de seus discípulos dispõe de uma margem mínima de manobra para reorientar sua vida a partir dos excelentes conselhos do mestre? Como por antífrase, Lenoir não teme escrever na mesma página: *"Estamos bem longe de uma moral do dever"*, no exato momento em que nela entramos com os dois pés: pois reorientar seus desejos com ajuda da razão, com tantos e tantos "é preciso!" e "você deve!", é exatamente o que um kantiano recém-chegado considera como o bê-á-bá do dever, portanto de uma visão moral do mundo que, como escreve ainda Lenoir acreditando se opor a Kant, ao passo que o recopia palavra por palavra, é simplesmente *"porque regrada pela razão, não poderia prejudicar a outrem"*...

Talvez a tentação fosse, como Lenoir faz, aliás, no final de seu livro[31], de dizer que, no fundo, essas contradições não têm importância, que é possível garimpar no pensamento de Espinosa, pegar meio ao acaso alguns preceitos de sabedoria, bons conselhos de vida, e deixar de lado um sistema dogmático "excessivo" com suas teorias metafísicas demasiado antigas ou demasiado rígidas para valer hoje em dia. Conservaria assim a verdade prática, sem se preocupar com um invólucro teórico um pouco dogmático demais para ser honesto. O problema com essa estratégia desesperada é que ela se recusa a ver, o exato oposto do que Espinosa está sempre pensando e escrevendo, que afinal as bases do sistema são as únicas que fundam a sabedoria prática, a doutrina da salvação, a ausência de perturbação, a promessa de felicidade e de alegria eterna. Nessas condições, que sentido ainda pode haver em apresentar a sabedoria, neste caso o conhecimento do terceiro gênero e o amor intelectual a Deus, como uma escolha entre dois modos de vida, entre duas

---

31. "Estou convencido, escreve Lenoir, de que a razão lógica não pode explicar tudo, e eu emitiria também dúvidas sobre o determinismo absoluto sobre o qual se funda um tal sistema. Sobre isso, remeto à crítica radical – mas honesta e brilhante – do sistema espinosista que Luc Ferry efetuou. Mesmo se o sistema tem seus limites, isso não quer dizer que tudo desaba como um castelo de cartas, como o pensa Luc Ferry, que julga a empreitada espinosista 'delirante'". Como mostro aqui, está, portanto, bastante claro que tudo desmorona sem o determinismo que fundamenta a doutrina da sabedoria e da salvação. Expressar dúvidas sobre esse determinismo é evidentemente demolir todo o resto e o próprio Espinosa jamais teria aceitado nem por um segundo que se separasse racionalismo absoluto, portanto determinismo, e sabedoria prática.

opções, a vida filosófica do sábio de um lado ou a vida cotidiana dos ignorantes do outro?

Assim como Lenoir, Robert Misrahi, também um fervoroso espinosista, está sempre dizendo e repetindo, na apresentação de sua tradução da *Ética*, que sendo Espinosa alguém extraordinário, um verdadeiro democrata, ele teria certeza de que todos podem alcançar a sabedoria, que ela não está reservada a uma elite, que é preciso apenas *"coragem"* e *"firmeza nas próprias resoluções"* (sic!). Mas o que essas fórmulas podem então significar num mundo onde a coragem entendida no sentido comum do termo, como luta de um livre-arbítrio contra as propensões naturais em nome de um ideal mais racional, não tem absolutamente sentido algum? Como pretender sem contradição manifesta que todos podem alcançar a sabedoria quando essa simples palavra, "pode", supõe possíveis cuja existência sempre descartaram? A coerência consistiria em simplesmente constatar que alguns são sábios e outros não, que às vezes alguns não sábios se tornam mais sábios, mas que de todo modo, tudo isso é da ordem da necessidade e não depende de qualquer escolha de qualquer tipo. Misrahi, entrevendo ainda assim o problema, tenta desesperadamente resolver a contradição buscando mostrar que a passagem da ignorância à sabedoria pode ser feita sem recorrer ao livre-arbítrio, mas simplesmente modificando os desejos dos humanos:

"O problema da passagem da ignorância à sabedoria, escreve ele nesse sentido, *torna-se mais simples de ser for-*

mulado: uma vez que não renunciamos a nada, que um desejo só pode ser expulso por um outro maior, o problema resume-se então em saber como instalar um 'novo desejo', que não seja mais o do ignorante, mas um desejo de sabedoria[32]". Meu Deus, mas é claro! Como não se pensou nisso! Não seria, pois, num livre-arbítrio ilusório qualquer que se fundaria a conversão, a nova busca da sabedoria no ignorante, mas *"é na teoria mesma do desejo que se apoia não somente o desejo de outra existência, mas a possibilidade mesma de começar o trabalho reflexivo que por si só conduzirá a essa outra existência do desejo. O conatus é ao mesmo tempo a origem da decisão ética e a condição de possibilidade de sua implementação. É na base do desejo que a consciência desejante pode ter em vista sua transmutação: o novo homem (a nova atitude concreta na ação e na vida) se constrói a partir do homem, pelo próprio homem para o homem. O conatus é de fato o fundamento da virtude".*

---

32. Observaremos também, evitando assim um erro de interpretação incômodo, a célebre fórmula (*Ética*, III, 9, esc.) segundo a qual não é porque uma coisa é boa que a quero, mas ela é boa porque a quero. Poderíamos pensar que tal fórmula pode justificar as piores más ações. O carrasco quer realmente matar sua vítima inocente, é correto, no entanto? Para ele sim, mas em si? Na verdade, a fórmula de Espinosa só vale para o desejo perfeito, do homem perfeito, portanto para a totalidade do bem: quando compreendo o mundo, só posso querer o bem total, a sabedoria... Somente o conhecimento do terceiro gênero pode definir o bem verdadeiro e nesse nível o sábio está sempre na bondade e na libertação no que diz respeito às paixões: ele não tem mais sexualidade, ele está na compaixão, no amor, no desejo de ser acompanhado pelos outros para que sejam felizes como ele etc. Em suma, ele pratica a virtude e a moralidade cristãs mais perfeitas, o que, há de se convir, cai como uma luva!

Magnífico! A pessoa que entrevê nem que seja por um instante tudo o que a sabedoria poderia lhe trazer, a alegria eterna, o sentimento de eternidade, uma vitória definitiva sobre as paixões tristes e sobre o temor da morte, só pode então, trocando seus maus desejos por bons, se lançar na "operação sabedoria"! Mas há um problema, aliás um problemão: Quem decidiu que fulano ia entrever todas essas maravilhas e cicrano não, a não ser Deus, o grande diretor que atribuiu desde a eternidade a cada um sua essência e sua potência? Como Lenoir e Misrahi podem não ver que essa própria modificação do desejo ou supõe uma falha no determinismo, um retorno à ideia de livre-arbítrio, o que é impossível em Espinosa, ou então já está, como todo o resto, escrita e determinada por Deus desde a eternidade?

6) A inextricável questão do mal.

A tentativa dos espinosistas para reintroduzir alguma margem de manobra no determinismo absoluto está fadada desde o início ao fracasso, como aliás já havia observado um contemporâneo de Espinosa, Blyenbergh (na carta 22 que ele dirige ao autor da *Ética*), um excelente leitor, cuja perspicácia Deleuze foi então forçado, evidentemente a contragosto, a respeitar[33]. A argumentação

---

33. Em seu livro sobre a filosofia prática de Espinosa (*Spinoza. Philosophie pratique*, Minuit, 1970): *"Embora ele não conheça a* Ética *[...], Blyenbergh não deixa de colocar questões essenciais que vão ao coração do espinosismo, ele força Espinosa a multiplicar exemplos, a desenvolver paradoxos, a isolar uma concepção muito estranha do mal"*, o que leva Espinosa a *"abandonar sua própria prudência e a se desmascarar"*. Bem observado, com efeito...

de Blyenbergh é tão perfeita que Espinosa, exasperado, acabará perdendo o sangue-frio e simplesmente mandando às favas seu interlocutor por não ser capaz de responder com seriedade às objeções imparáveis que este lhe dirige[34]. Convido meu leitor a ler essa carta com atenção e assim compreender por que ela é insuportável aos olhos dos espinosistas, visto que sua argumentação é simplesmente implacável:

"*O senhor diz*, escreve Blyenbergh, *que pertence à essência de uma coisa apenas aquilo que a vontade e a potência de Deus concedem e atribuem realmente a ela. [...] Disso resulta infalivelmente que aos olhos de Deus sou tão perfeito em minhas obras quando cometo crimes de toda espécie como quando pratico a virtude e a justiça. À minha essência, neste momento, com efeito, não pertence nada mais do que aquilo que determina meu ato porque, de acordo com sua tese, não posso em meus atos manifestar nem mais nem menos perfeição do que efetivamente recebi, o desejo dos prazeres e dos crimes pertence à minha essência no tempo que ajo e, nesse momento, é precisamente essa essência e não uma superior que recebo da potência de Deus. Portan-*

---

34. "*Quanto às consequências que o senhor imagina que pode tirar de minha carta, não estou satisfeito. O que havia, pergunto, nessa carta que permitia atribuir-me opiniões como estas: os homens são semelhantes aos animais, morrem e perecem da mesma maneira, nossas obras desagradarão a Deus etc.?*" (carta 21). Em seguida, Espinosa acabará por mandar às favas seu interlocutor dizendo-lhe, com mais firmeza do que amabilidade, que ele está tão evidentemente fechado a qualquer argumentação racional que é inútil continuar a discussão...

to, a potência divina não exige de mim outras obras além daquelas. E assim me parece decorrer de sua tese que Deus quer os crimes assim como aquilo que você adorna com o nome de virtude insígnia".

Há certamente pessoas que lerão Espinosa e tirarão talvez até proveito, pois está na essência delas fazê-lo, e outras não, e isso por razões também determinadas desde a eternidade, nesse sentido nem umas nem outras são responsáveis por nada, nem pela sabedoria, nem pela ignorância, como Blyenbergh compreende, aqui também com uma bela perspicácia, nesta passagem que é preciso ler com muita atenção:

"O senhor diz que as pessoas íntegras servem a Deus e que, ao servi-lo, tornam-se constantemente mais perfeitas, mas não sei o que o senhor quer dizer com estas palavras: 'tornar-se mais perfeitas', nem o que significam estas aqui: tornar-se constantemente mais perfeitas, pois ambas cumprem da mesma maneira a vontade de Deus em conformidade com o decreto divino. Então, que diferença pode haver do ponto de vista de Deus entre essas duas classes de pessoas? E se a aquisição contínua de uma perfeição maior decorre, com efeito, não das obras, mas apenas da vontade de Deus, não pode haver, portanto, diferença entre elas do ponto de vista de Deus. Quais são, pois, as razões que fazem com que umas se tornem por suas obras constantemente mais perfeitas e as outras piores? Não consigo encontrar em seus escritos nenhuma regra segundo a qual

uma coisa seja considerada mais perfeita ou menos perfeita a não ser que sua perfeição se meça pela essência que ela possui. Se tal é a medida, os crimes são, portanto, aos olhos de Deus e para Ele tão agradáveis quanto as obras das pessoas justas, pois Deus agindo como Deus quer essas coisas da mesma maneira, pois como decorrem igualmente de seu decreto elas são equivalentes aos olhos de Deus. Se a única medida da perfeição é o que o senhor diz, então os erros não podem ser chamados de erros senão impropriamente, pois na realidade não há erros, não há crimes e toda coisa existente não pode compreender senão a essência que Deus lhe deu, essência que, não importa o que ela possa ser, envolve uma perfeição. Confesso que não consigo perceber isso claramente e me desculpe perguntar se a pessoa que mata seu semelhante agrada a Deus tanto quanto aquela que distribui esmolas".

Diante da perspicácia das objeções de seu interlocutor às quais sua filosofia é incapaz de trazer uma resposta minimamente coerente, Espinosa se vê obrigado a jogar a carta de toda teodiceia: o real em totalidade sendo perfeito, o mal não tem nenhuma existência *em si*. Do ponto de vista de Deus (ou em si) não há, pois, nem erro, nem crime, nem bem, nem mal, uma vez que essas falsas realidades só existem do ponto de vista do ignorante, o criminoso faz parte da perfeição do conjunto da mesma maneira que o santo e o sábio. Ocorre aqui o mesmo que no nosso filme em que o assassino é indispensável ao policial e o canalha ao homem justo. Mas é exatamente isso o que Blyenbergh diz! Claro, e insisto mais uma vez, pois os espinosistas gostam de imaginar que não compreendemos bem sua noção da perfeição: há, no seio da perfeição global da criação (do filme), seres mais ou menos perfeitos, graus de perfeição, ratos e anjos, santos e bandidos, ignorantes e sábios, mas a exemplo dos bons e dos maus no filme, todos são desejados pela potência divina (pelo roteirista) e como tais, todos são igualmente necessários à perfeição do conjunto. Sem os ratos, sem os canalhas e os ignorantes, o real não seria perfeito. CQD.

A questão não é, pois, a do juízo de valor ao qual Espinosa, não sem uma pitada de má-fé, finge dar um lugar (*"o rato não é um anjo"*), mas simplesmente esta: o santo e o canalha são, sim ou não, igualmente "desejados", tanto um como o outro, por Deus, e, nessas condições, os dois fazem parte da perfeição do real? A resposta é necessariamente sim. Hitler (o rato) não é Etty Hillesum (o anjo), mas os dois têm uma essência, portanto um grau de perfeição, um grau certamente diferente (Hillesum é melhor do que Hitler), mas que não impede de forma alguma que os dois sejam igualmente "desejados[35]" pela potência divina e, por isso mesmo, necessariamente partes implicadas na perfeição do real. Como em toda teodiceia, o mal não é então nada em si, apenas uma privação de ser ou, retomando o vocabulário de Espinosa, um grau menor

---

35. Coloco a palavra entre aspas, pois não se trata de uma vontade consciente como a nossa, visto que Deus sendo um ser infinito, não limitado por um "não eu", não pode ser dotado de consciência.

de potência. O mau não passa de uma pessoa triste, uma vez que a tristeza não é senão o sintoma de sua reduzida potência, o que leva Espinosa a pensar que vai se sair bem com a seguinte resposta dada a Blyenbergh, que, no entanto, não resolve a dificuldade de fundo muito justamente levantada por seu interlocutor:

"Coloco em princípio, em primeiro lugar, que Deus é causa absoluta e realmente de todas as coisas, sejam elas quais forem, que possuem uma essência. Portanto, se o senhor pudesse demonstrar que o mal, o erro, os crimes etc. são coisas que expressam uma essência, eu concordaria sem reserva que Deus é causa dos crimes, do mal, do erro etc. Creio já ter demonstrado o suficiente que aquilo que dá ao mal, ao erro, ao crime, o caráter de ato nocivo ou criminoso e de juízo falso, aquilo que pode ser chamado a forma do mal, do erro, do crime, não consiste em nenhuma coisa que expressa uma essência e em consequência não se pode dizer que Deus seja sua causa".

Também aqui, como em Leibniz[36], sendo o mal somente privação, ele é sem causa, portanto Deus não é res-

---

36. Além disso, que a *Ética* seja sobretudo, como o sistema de Leibniz, uma teodiceia, uma negação do mal que exime Deus de toda acusação, é o que Espinosa, sem empregar a palavra, diz muito bem ao reconhecer que a hierarquia dos seres (seus *"graus de potência"*, portanto de perfeição) implica necessariamente a existência aparente do mal (aparente = do ponto de vista do ignorante, mas não na verdade, em si ou do ponto de vista de Deus): *"No mais das vezes raciocinamos da seguinte maneira: se todas as coisas resultaram da natureza supremamente perfeita de Deus, de onde então vêm tantas imperfeições na natureza, como a corrupção fétida, a feiura nauseabunda, a confusão, o mal, o erro etc.? É fácil, como acabei de dizer, refutar esse*

ponsável por ele. Mas a resposta torna-se ridícula, pois se Deus não é responsável pelo que não é nada, Ele é (visto que sua potência o criou) pelo que é tudo, portanto pelo criminoso que comete os assassinatos, pois esse criminoso não é nada, ele é um ser bem real no seio da totalidade do mundo e, como tal, ele é desejado pela potência divina como ressaltam, aliás, estas palavras do próprio Espinosa:

"O amor, o ódio, a ira, a inveja, o orgulho, a piedade e os outros movimentos da alma devem ser considerados, não como vícios, mas como propriedades da natureza humana, maneiras de ser que lhe pertencem assim como o quente e o frio, a tempestade, o trovão e todos os meteoros pertencem à natureza do ar. Quaisquer que sejam os dissabores que essas intempéries possam ter para nós, elas são necessárias, pois têm causas determinadas".

Como em toda teodiceia, a argumentação a favor da perfeição divina bem como a do mundo passa pela negação pura e simples do mal "em si": uma vez que o mal não é senão uma ilusão, que ele não existe do ponto de vista da verdade, do ponto de vista de Deus ou do roteirista, não há razão alguma para acusar Deus de injustiça – pirueta bastante medíocre para um grande filósofo, mas que permite a Espinosa acreditar (incorretamente) que ele calou

---

argumento. [...] Aos que perguntam por que Deus não criou os seres humanos de modo que eles próprios possam se governar sob a conduta exclusiva da razão, dou apenas uma resposta: a matéria não lhe faltou para criar todos os tipos de coisas, desde o mais alto grau de perfeição até o mais baixo..." (*Ética*, Apêndice à parte I).

a boca de seu interlocutor. Nesse nível de conhecimento, que é reservado apenas ao sábio, àquele que é guiado sem falha pela razão, não há mais evidentemente nem bem nem mal no sentido moral do termo (não há mais reprovação, nem elogio, nem paixões tristes de qualquer tipo, o que garante a alegria e a serenidade do racionalista dogmático): se conseguimos pensar o mundo colocando-nos do ponto de vista de Deus, então devemos evidentemente compreender e admitir que tudo sendo absolutamente necessário, tudo ocorrendo por causas, tudo é perfeito, as noções de bem e de mal estando pulverizadas, como destaca com vigor a *Ética*, por exemplo nesta passagem (IV, prop. 36, esc.):

"O homem de alma forte coloca em primeiro plano o fato de tudo resultar da necessidade da natureza divina; por isso considera que tudo o que ele pensa ser um prejuízo ou um mal, tudo o que lhe parece imoral, odioso, injusto ou vil, só lhe parece assim porque ele concebe a realidade de um modo turvo, confuso e deformado; por isso se esforça para conceber as coisas tais como elas são em si mesmas, para afastar os obstáculos ao conhecimento verdadeiro tais como o ódio, a cólera, a inveja, a chacota e outros afetos semelhantes que já examinamos".

Por que o espinosismo não pode nem poderá jamais erradicar a linguagem da ilusão e do delírio, em especial a referência ao livre-arbítrio

O sábio é aquele que se esforça para ler as paixões humanas, para decifrar as ações dos seres humanos como se se tratasse de fenômenos naturais. O ser humano não é um império num império, mas um pedaço de natureza como qualquer outro, de forma que um genocídio ou um assassinato atroz não são um mal maior no sentido moral do termo do que uma catástrofe natural[37]. É portanto por comodidade, mas sobretudo por incapacidade em se colocar do ponto de vista de Deus, que nós, seres finitos, continuamos a utilizar na vida cotidiana o vocabulário da moral, do livre-arbítrio, da responsabilidade, e consequentemente o do bem e do mal. O próprio Espinosa abordou o problema levantado pela persistência na vida do dia a dia, e mesmo na do sábio, desse vocabulário no entanto inadequado: Por que, com efeito, manter uma linguagem que remete às ilusões mais funestas assim como às paixões tristes? A essa delicada questão, Espinosa responde no prefácio da parte IV da *Ética*: depois de ter mencionado que o vocabulário do bem e do mal é em si ou na verdade inadequado, portanto em princípio a ser

---

37. A ideia é desenvolvida em várias ocasiões por Espinosa, por exemplo nesta passagem do *Traité politique* [Tratado político] (I, 4): *"Consagrando-me à política, tomei todo o cuidado para não ridicularizar, não chorar, não detestar as ações humanas, mas para a partir delas adquirir um conhecimento verdadeiro: também considerei as afecções humanas tais como o amor, o ódio, a ira, a inveja, o orgulho, a piedade e outros movimentos da alma, não como vícios, mas como propriedades da natureza humana: maneiras de ser que lhe pertencem assim como o calor e o frio, a tempestade, o trovão e todos os meteoros pertencem à natureza do ar. Quaisquer que sejam os desprazeres que essas intempéries possam nos trazer, elas são necessárias, tendo causas determinadas por meio das quais nós nos dedicamos a conhecer sua natureza, e quando a alma tem o conhecimento verdadeiro dessas coisas, dele desfruta tanto quanto do conhecimento das coisas que dão aos nossos sentidos prazer".*

banido para o sábio, Espinosa esclarece por que, todavia, é preciso conservá-lo na vida ordinária:

"Ainda que seja assim, precisamos, todavia, conservar esses vocábulos (inadequados). Desejando, com efeito, formar uma ideia de homem que seja como um modelo da natureza humana colocado diante de nossos olhos, será útil para nós conservá-los no sentido já mencionado. Portanto, entenderei por bom, no que vem a seguir, aquilo que sabemos com certeza ser um meio de nos aproximarmos cada vez mais do modelo da natureza humana que nós nos propomos. Por mau, ao contrário, aquilo que sabemos com certeza nos impedir de nos aproximarmos dele. Além disso, diremos que os homens são mais ou menos perfeitos conforme se aproximem mais ou menos desse mesmo modelo", o modelo em questão sendo, é claro, o do sábio que se aproxima ao máximo do ponto de vista de Deus (do conhecimento do terceiro gênero).

Muito bem! Mas por que é preciso conservar tais fórmulas se, junto com essas categorias falaciosas do bem e do mal, da moral comum e dos ignorantes, as categorias do possível, do livre-arbítrio e do ideal oposto ao real são as que se precipitam pela porta assim entreaberta? Por que é precisamente necessário retornar à linguagem do senso comum, reencontrar a moral comum? O que explica precisamente que não possamos jamais erradicar a ilusão dos possíveis, do livre-arbítrio, a distinção entre o bem e o mal, nem, portanto, a ressurgência das paixões tristes? Por que o ser humano, inclusive o sábio que deveria, no entanto, ser capaz de passar ao largo, é permanentemente forçado a mergulhar nas contradições de um vocabulário sempre inadequado?

Das duas uma, com efeito:

– Ou o ponto de vista de Deus é o da verdade e ele é real, demonstrado pela famosa prova ontológica (ele não é somente uma simples ideia reguladora, como em Kant, ou um simples objeto de fé, como num crente ordinário), e então é absolutamente insensato continuar a falar de possível, de bem e de mal, de livre-arbítrio, de ceder às paixões tristes uma vez que sei que é falso, errôneo, e mesmo "delirante". Mesmo se não posso me impedir de fazê-lo porque não sou onisciente, mesmo se sei que jamais chegarei a um perfeito conhecimento do terceiro gênero, sei ao menos uma coisa, ou seja, que a linguagem dos possíveis e do juízo moral é falsa, repleta de ilusões, e que traz com ela o flagelo das paixões tristes. Como sei que tudo isso é, para mim, não apenas ilusório como também mau (nocivo), eu deveria renunciar a tudo isso, ademais é essa renúncia que define com muita exatidão o perímetro da sabedoria que é condição da alegria.

– Ou então, uma vez que não consigo eliminar essa maldita ilusão dos possíveis e que me vejo constantemente forçado a recair na linguagem do delírio, do livre-arbítrio, do bem e do mal[38], portanto constrangido a utilizar

---

38. É desse modo que Espinosa explica que o arrependimento e a vergonha são paixões tristes, certamente, e desprovidas de sentido do ponto de

sempre fórmulas de duplo sentido[39] e que persisto em ceder de tempos em tempos às paixões tristes, bem que eu poderia afinal pensar, se ao menos aceitar refletir, isto é, pensar meu próprio pensamento, que talvez seja meu ponto de vista de humano finito que é o bom e que aquele que imagino ser o de Deus não tem nem realidade nem verdade, é somente uma "ideia reguladora", um simples objeto de fé, um ideal da razão situado no infinito, inacessível para sempre, na verdade impensável, irrepresentável (não esquematizável diria Kant[40]) e que, então, talvez não seja

---

vista da sabedoria e da verdade, mas que ainda assim permanecem bastante úteis e mesmo preciosas quando se trata de manter as pessoas comuns no caminho certo (cf. *Ética*, IV, 54, esc. e IV, 58, esc.). Para aqueles que permanecem no primeiro gênero de conhecimento, no mundo da ilusão e da ignorância, a boa e velha moral comum servirá, e para aqueles que estão no amor intelectual a Deus, na verdadeira sabedoria e na razão pura, de todo modo tudo está bem: o grau de perfeição delas garante que não serão más e que viverão na alegria.

39. Meus amigos espinosistas adoram fórmulas sublimes: "Toda vida humana é desejo, todo desejo tem alegria, toda alegria tem amor" etc. etc. Dito assim, dá até vontade. Quem poderia ser contra? Até começaríamos a acreditar. E seria um erro: essas palavras têm um duplo sentido, o sentido filosófico tendo apenas uma relação muito distante com o senso comum, o desejo não tendo, como descobrirão com pavor os jovens da geração de Maio de 1968 que se enebriavam com as palavras de Deleuze, senão um vínculo infinitamente tênue e frágil com o amor com o qual sonhavam. A verdade é que o infeliz sábio, privado de sexo por toda a eternidade, vive antes na tensão negativa e permanente em direção a um ideal tanto mais culpabilizante porque radicalmente inacessível, nesse sentido a famosa alegria espinosista, que alguns pretenderiam muito "corpórea", revela-se na realidade bem intelectual, muito pouco sensível, e ainda menos sensual.

40. Esquematizar um conceito é fazê-lo corresponder no tempo e no espaço com uma intuição, uma representação sensível concreta, único meio de dar-lhe não só uma verdade, mas também um sentido, no qual por defini-

um delírio meu quando me indigno, quando julgo, quando me inquieto porque meu filho está doente e penso na existência de várias soluções possíveis para tirá-lo dessa situação e que me pergunto qual é a correta etc., mas que é o ponto de vista de Deus e do racionalismo absoluto apoiados no argumento ontológico que são delirantes, e quando faço desses pontos de vista realidades absolutas, caio pesadamente no irracionalismo, nas armadilhas que Kant, Husserl, Heidegger ou Popper desconstruirão como arquétipos de ilusões metafísicas.

Toda a *Ética* tende assim a uma sabedoria que só teria sentido de um ponto de vista, o de Deus, do grande diretor, colocado dogmaticamente como mais verdadeiro do que aquele do homem, ao passo que ele não tem nenhum pretexto para relativizá-lo, uma vez que foi o ser humano que colocou o divino e não o contrário. Nesse sentido o espinosismo aparece talvez como um sistema grandioso, mas, literalmente, delirante, fora da realidade humana. Do ponto de vista de Espinosa, aquele que permanece no finito delira, do ponto de vista da reflexão e do raciona-

---

ção mesma a ideia de Deus é evidentemente não esquematizável e como tal desprovida de sentido na medida em que ela é, para retomar o vocabulário de Descartes, certamente concebível, mas ainda assim não compreensível. Posso definir o entendimento divino como um entendimento infinito e onisciente, mas isso não me dá, no entanto, nenhuma representação concreta daquilo com o que ele poderia parecer em minha própria mente. Tente então ver o mundo como um deus onisciente o veria, depois me conte... Nesse sentido, a metafísica dogmática pode ser mais bem-definida como um discurso não representável ou esquematizável pelo sujeito finito.

lismo críticos, é o espinosismo que delira, foi ele que nos abandonou, é ele que se move numa esfera ideal onde o infeliz indivíduo que se deixa enganar é obrigado permanentemente a dizer coisas insensatas que ninguém pensa nem jamais pensará no mundo real. O espinosista tem um interesse racional potente para certos ideais aos quais ele jamais pode, no entanto, aderir porque ele tenta pensar como se fosse Deus, mas ele não é Deus. Como a pessoa que declara ter estado num barco que naufragou sem nenhum sobrevivente, o infeliz espinosista faz todo o possível para se abstrair de si mesmo, e essa abstração de si, do humano como tal, possui algo tanto mais patético porque é de essência totalitária: a totalidade, neste caso o absoluto metafísico do *Deus sive natura*, pretende prevalecer sobre o ser finito e Deus sobre o homem. Daí a importância, a meu ver, de lhe opor uma resistência igualmente resoluta, como tentei fazer aqui.

Por que o pretenso "racionalismo absoluto" é na realidade irracional, não científico e contraditório

Em geral, quando alguém aceita jogar o jogo racional do discurso argumentativo, por exemplo numa defesa, num debate filosófico, ético ou político, evita por princípio se contradizer abertamente. Já nos diálogos de Platão, é colocando seus interlocutores em contradição com eles mesmos que Sócrates tenta desqualificá-los ou, no mínimo, fazê-los refletir um pouco mais. Ora, é preciso ver que existem três tipos de contradições muito diferentes, cada uma delas apresenta problemas lógicos e filosóficos específicos.

Distinguiremos primeiramente as contradições que tratam do sentido das frases ou das próprias palavras (no jargão dos lógicos, elas são chamadas de contradições "sintático-semânticas"). São as mais fáceis de identificar. Por exemplo, falar de um "círculo quadrado" é por definição contraditório e cada um pode percebê-lo facilmente. Podemos em seguida encontrar nos discursos contradições não apenas nos termos ou no interior das frases, mas no encadeamento das proposições, nesses raciocínios chamados de "silogismos". Exemplo: Sócrates é um homem; mas os homens são mortais; portanto Sócrates é imortal. Aqui também não é difícil ver que seu interlocutor se contradiz. Essas duas primeiras contradições são geralmente aquelas estudadas pela lógica clássica.

Mas precisamos ainda identificar um terceiro tipo de contradições, contradições que os lógicos chamam de "performativas" ou "pragmáticas", mas que chamarei mais simplesmente de "reflexivas" porque dizem respeito à maneira como olhamos para o que dizemos, portanto à nossa capacidade de autorreflexão. Por vezes são evidentes, mas por vezes também, como nos discursos céticos ou deterministas, bem mais difícil de perceber do que as duas primeiras, pois podem assumir formas muito sofisticadas. Elas não dizem respeito, com efeito, nem aos termos utilizados, nem sequer à formação ou ao encadeamento das proposições, mas à relação entre *o enunciado* (o que é dito) e *a enunciação* (aquele que o diz). Essas contradições performativas ou reflexivas podem ser, por sua vez, de dois tipos. Podem sobretudo ser empíricas, simplesmente factuais, e nessas condições são bastante fáceis de identificar, como é o caso no exemplo já citado: "Eu estava num barco que naufragou e não houve nenhum sobrevivente". É muito fácil compreender que tem algo que não encaixa na frase, mas o que não encaixa é simplesmente o fato de ser eu a pronunciá-la. Se outra pessoa pronunciasse a mesma frase dizendo: "Ele estava num barco que naufragou e não houve sobreviventes", não haveria mais contradição, nesse sentido a contradição decorre simplesmente do fato de que me esqueci de mim ao falar, de que me faltou autorreflexão.

Mas essas contradições reflexivas podem também ser transcendentais, *a priori*, não empíricas, e é o caso quando elas negam as condições gerais de toda argumentação possível. Exemplos: "Eu não existo!", "Você não existe!", "Eu afirmo assim que não tenho pretensão alguma à verdade", "Garanto-lhe com toda a liberdade que não sou livre e que o determinismo me constrange a lhe dizer o que estou lhe dizendo"... Foi por este último tipo de contradições que o racionalismo crítico, cujos princípios apresentarei no próximo capítulo, se interessou mais particularmente, a metafísica dogmática, da qual o espinosismo constitui o ápice, aparecendo-lhe, com toda a razão, como um discurso que nega aquele que o enuncia – o que é perfeitamente compreensível de imediato compreen-

118

de, como mostrei mais acima, sua exigência de que nos coloquemos do ponto de vista de Deus, ou seja, de um ponto de vista que é exatamente a negação do nosso. Portanto, se pretendo, como Espinosa, que o sábio deve se colocar a partir desse ponto de vista para chegar a uma correta compreensão do mundo, bem como à sabedoria verdadeira, então eu enuncio uma exigência impossível de cumprir porque ela nega o caráter essencialmente finito daquele que a formula, ou seja, um ser humano que jamais poderá ver o real com omnisciência, do ponto de vista do final do filme, porque, muito simplesmente, esse final não existe – o que obriga a conservar vocábulos inadequados, os do bem e do mal, das paixões tristes e do livre-arbítrio, sem nunca poder erradicá-los, nesse sentido o dogmatismo da metafísica é realmente totalitário, uma negação da humanidade do homem.

7) A morte não é (quase mais) nada para o sábio.

Por fim, a cereja do bolo dessa doutrina da salvação de essência metafísica, a morte não é (quase) nada para o sábio visto que ele vive na verdade de Deus e que a verdade é eterna. Por essa razão, ele deveria morrer "muito menos" do que o ignorante, o que autoriza a *Ética* a se fechar numa tese segundo a qual nós *"sentimos e experimentamos que somos eternos"* (*Ética*, V, 23, esc.). Com efeito, se consigo me elevar até a compreensão da necessidade que rege o curso do mundo, portanto ao nível do conhecimento de terceiro gênero, então eu compreendo que a morte só dirá respeito, afinal, às minhas "partes extensivas", isto é, ao meu corpo material situado no espaço, mas não à minha essência (meu grau de potência) que existe em si, ou seja, em Deus desde toda a eternidade, e que continuará, portanto, a existir por toda a eternidade. Eis como Deleuze, evocando a questão do sentido da vida (da vida boa para os mortais), comentou essa asserção num de seus cursos sobre Espinosa:

"A ideia de Espinosa é que, afinal, a maior parte de mim será o que eu tiver considerado durante minha existência como sendo a maior parte de mim. Então, se eu tomo uma parte mortal, se eu faço de uma parte mortal a maior parte de mim, então, em último caso, morro inteiramente ao morrer, e morro em desespero".

Deleuze está aqui apenas parafraseando Espinosa, em particular esta passagem da *Ética* (V, 38):

"Quanto mais numerosos são os objetos que o espírito compreende pelo segundo e terceiro gêneros de conhecimento, menos ele é tornado passivo pelos afetos que são maus e menos ele teme a morte".

Ou ainda, este escólio da mesma proposição 38:

"A morte é tanto menos nociva tanto mais vasto é o conhecimento claro e distinto no espírito e tanto maior, por consequência, é o amor desse espírito a Deus. Além disso, como a maior satisfação que pode ser dada provém do conhecimento do terceiro gênero, o espírito humano pode fazer com que seja de sua natureza que, em proporção

a essa parte de si mesmo que subsiste, a parte que, como mostramos, perece com o corpo seja insignificante".

É nesse sentido que, segundo Espinosa, *"nós sentimos e experimentamos que somos eternos".*

O fato de saber que lhe é feita a promessa, caso entre na vida filosófica, de descobrir que é eterno como "grau de potência" ou como "parte intensiva de Deus" deveria dissipar no sábio autêntico toda apreensão diante da morte, o que lhe permitirá entrar doravante na alegria da salvação. Por fim, apesar de tudo o que separa os dois filósofos, Espinosa junta-se aqui a Platão, não, é claro, que ele retome sua teoria das almas imortais (em Espinosa, a alma e o corpo são uma e mesma coisa), mas porque, como Platão, ele considera a sabedoria como o único meio de comungar com o sentimento de eternidade, sentimento que por si só nos coloca no caminho da salvação verdadeira. É por isso que, em Espinosa como em Platão (e mesmo em Aristóteles[41]), aquele que dedicou toda sua

---

41. *"Deus nos deu a parte superior do homem, o intelecto como um gênio, e é o princípio que dissemos alojado no alto de nosso corpo, e que nos eleva desde a terra até nossa parentela celeste, pois somos uma planta do céu, não da terra, podemos afirmá-lo com toda certeza. Pois Deus suspendeu nossa cabeça e nossa raiz ao lugar onde a alma foi primitivamente gerada e assim ergueu todo nosso corpo em direção ao céu. Ora, aquele que se entregou inteiramente às paixões ou às ambições e não mede esforços para satisfazê-las, todos seus pensamentos tornam-se necessariamente mortais, e nada lhe falta para ser inteiramente mortal, tanto quanto isso é possível, pois foi a isso que se dedicou. Mas aquele que se entregou inteiramente ao amor da ciência e à verdadeira sabedoria e que exerceu, entre suas faculdades, sobretudo a de pensar nas coisas imortais e divinas, se ele consegue alcançar a verdade, é certo que, na medida em que é permitido à natureza humana participar da imortalidade, nada lhe falta para alcançá-la"* (Platão, *Timeu*, 90 b-c).

vida ao mundo sensível, ao conhecimento do primeiro gênero, morre completamente, enquanto aquele que já está na eternidade das ideias e da razão praticamente não morre, porque sua alma (em Platão), seu grau de potência (em Espinosa) reuniram-se à eternidade.

Ouso confessar que, infelizmente, não sinto nem experimento nada parecido? Mas, como dizem, "as promessas tornam os tolos felizes"...

A crítica de um antigo espinosista: André Comte-Sponville contra Espinosa

Eis o que pensa e diz agora com vigor e lucidez André Comte-Sponville[42], que sabe do que fala, pois durante muito tempo foi fascinado pelo pensamento de Espinosa e foi e continua sendo um de seus leitores mais sensatos:

"Ao sábio espinosista que 'nunca deixa de ser' e cuja parte mortal se tornou 'sem importância', em relação àque-

---

"Se o intelecto é algo divino em comparação com o homem, a vida segundo o intelecto é igualmente divina comparada à vida humana. Não é preciso, pois, escutar aqueles que aconselham o homem, porque é homem, a limitar seu pensamento às coisas humanas, e porque é mortal, às coisas mortais, mas o homem deve, na medida do possível, se imortalizar e fazer tudo para viver em conformidade com o que há de mais nobre nele [...], o que é próprio a cada coisa é por natureza o que há de mais excelente e de mais agradável para essa coisa. E para o homem, por conseguinte, será a vida em conformidade com o intelecto, se for verdade que o intelecto é no mais alto grau o próprio homem. Portanto esta vida é também a mais feliz" (Aristóteles, *Ética a Nicômaco*, X, 7).

42. Na conferência já citada, um discurso em que ele se distancia do espinosismo de sua juventude.

la que deveria 'permanecer' após a morte, Montaigne teria oposto a universalidade da morte, sabedoria ou não, à vaidade de tudo, da sabedoria inclusive, enfim o que chamei de 'sabedoria do vento'... Digamos que no final das contas, quero dizer depois de 66 anos de vida e quase 50 anos de filosofia, essa sabedoria do vento pareceu-me soar mais verdadeira do que a ataraxia (literalmente: a ausência de perturbação) epicurista ou do que a aquiescentia in se ipso (Ética, III, 25 e IV, 52, esc.) ou o vix animo movetur (Ética, V, último escólio) de Espinosa. Em termos espinosistas, poder-se-ia dizer que não creio mais que 'a potência da alma se defina somente pelo conhecimento' (Ética, V, prop. 20, esc.), ou seja, 'somente pela inteligência' (Ética, V, prefácio), nem que 'a parte de nós que se define pelo conhecimento claro seja sempre a melhor parte de nós mesmos' (Ética, V, Apêndice, cap. 32), nem enfim que o amor intelectual a Deus ou à natureza seja o amor supremo. O amor parental, tão pouco intelectual, tão pouco sereno, tão passional, tão ansioso, tão banal, tão forte e tão doloroso por vezes me é mais importante. [...] Por que seria preciso fugir da angústia, 'amar apenas uma coisa eterna e infinita' (Deus ou a natureza, Tratado sobre a reforma do entendimento, § 3) ou mesmo amá-la mais que todo o resto? E quem pode crer que o conhecimento claro basta para isso? No fundo, o que recrimino em Espinosa, assim como em Epicuro, é ter retirado o trágico, ou melhor, ter desejado retirá-lo, não certamente da condição humana, onde seu lugar está bem marcado, mas da sabedoria – o que significa fantasiar so-*

bre uma sabedoria inumana ou impossível quando só uma sabedoria trágica, isto é, consciente de seus limites e de seu próprio fracasso, pode nos convir".

Uma sabedoria "inumana": impossível dizer melhor tanto o fundo último da filosofia de Espinosa consiste, com efeito, em convidar o ser humano a se tomar pelo que não é, a pensar do ponto de vista de um Ser supremo e onisciente cuja existência é postulada com base num argumento ontológico derrisório, o que, como Kant já compreendera antes de Nietzsche e de Heidegger, pertence ao delírio metafísico e não tem, literalmente, sentido algum: sentido algum, com efeito, uma vez que eu nunca posso me representar ("esquematizar", diria Kant) o mundo como o faria um entendimento infinito, onisciente, um entendimento cuja existência Espinosa só consegue, aliás, colocar a partir de um sofisma infantil. No entanto, como insiste André, é a isso que Epicuro e Espinosa nos convidam, e quase nos mesmos termos, quando nos falam de "morrer o menos possível", quando nos dizem que "a morte não é nada para nós" com a condição de "viver como um deus", o que, como Comte-Sponville também enfatiza, se aproxima mais do ridículo, e mesmo do hospital psiquiátrico, do que de uma sabedoria possivelmente humana. Daí também o distanciamento que é preciso tomar, segundo ele, a respeito da ideia mil vezes repetida pelos espinosistas segundo a qual a filosofia seria "meditação sobre a vida e não sobre a morte[43]":

---

43. *"O homem livre não pensa de modo algum na morte, e sua sabedoria não é meditação da morte, mas da vida"* (*Ética*, IV, prop. 67).

"Lembre-se do final da *Carta a Meneceu*: se você meditar minhas lições dia e noite, explica Epicuro, 'nunca, nem acordado nem em sonho, você será seriamente perturbado, mas viverá como um deus entre os homens. Pois em nada se assemelha a um mortal o homem que vive nos bens imortais'. Aos 18 anos, isso me emocionava quase tanto quanto a *Ética*. Mas na idade madura, quem pode acreditar nisso? Como um ser humano poderia 'em nada se assemelhar a um mortal'? Qual de nós poderia se gabar, ou mesmo considerar sem se cobrir de ridículo, viver 'como um deus entre os homens'?"

Como pensar seriamente que "*o aumento de nosso conhecimento [possa] fazer com que a parte de nossa alma que perece com o corpo 'não tenha importância alguma (nullius sit momenti) em relação ao que permanece' (Ética, V, prop. 38, esc.). [...] Pois, afinal, a parte de nós que morrerá ao mesmo tempo que nosso corpo é justamente a parte que somos (nossos desejos, lembranças, emoções, vontades, imaginação, sensibilidade, nosso pensamento na medida em que é algo diferente da verdade, em suma, nossa consciência e mesmo nosso inconsciente), ao passo que a parte de nossa alma que não deveria morrer quando o corpo morre (mas como isso é possível se 'a alma e o corpo são uma coisa só'?), ou seja, aquilo que há em nós de conhecimento e de verdade, pode muito bem ser vivido às vezes, mas não é nós. Como ela poderia nos consolar por morrermos ou,* a fortiori, *por termos perdido aqueles que amamos?*"

Espinosa e Epicuro nos propõem chegar, coincidindo tanto quanto possível com o divino, à ausência total de perturbação, à serenidade interior perfeita, uma ideia que Comte-Sponville amava em sua juventude. Agora, eis o que ele pensa sobre isso (e só me resta citá-lo uma vez mais, pois ele diz perfeitamente o que eu mesmo penso):

"Eu acho que é colocar sua própria serenidade ou seu próprio conforto interior bem alto e a emoção ou a humanidade bem baixo. Que a serenidade, sem levar em consideração as outras coisas, valha mais do que a ansiedade, ninguém contesta. Mas dentre essas 'outras coisas', iguais ou não, várias (que não são coisas mas virtudes) me são mais importantes: amor, justiça, coragem, compaixão, generosidade, simplicidade, gentileza, lucidez, humor... Viver sem perturbação? É uma ambição que já não tenho. Sem emoções? Prefiro vê-las como um erro ou uma negação. [...] Qual a necessidade, para aumentar nossa potência de existir e de agir [...], de diminuir na mesma proporção nossa potência, pois esta também é uma, de se comover ou se perturbar, de padecer e de sofrer. Poder padecer ou sofrer para o corpo é uma potência cuja ausência nos condenaria à morte, não uma fraqueza. Assim também é com nossa alma, já que 'a alma e o corpo são uma coisa só' e é por isso que não creio, ao contrário de Espinosa, que 'a potência da alma se defina unicamente pelo conhecimento' (Ética, V, prop. 20, esc.), nem sua impotência unicamente pela privação de conhecimento (ibid.). Quanto a isso, o amor e a sexualidade me ensinaram muito mais do que a leitura da Ética".

Por isso Espinosa, como também Epicuro, ao tentar nos convencer de que a sabedoria se confunde com a ausência de perturbação, acaba minimizando *"o papel dos 'apetites sensuais'* (Ética, V, esc. *do corolário da prop. 50)"*, de modo que *"ele oferece da sabedoria, portanto também da vida humana, uma visão truncada, enganosa, ilusória"*, pois, continua o amigo André, a melhor vida não é nem *"a menos mortal, a menos emocionada, nem a menos perturbada. Numa palavra: a melhor vida é a vida mais humana, não a mais divina* (Ética, IV, prop. 45, esc.) *nem a mais rica em 'conhecimento claro e distinto'. Em suma, sou forçado a reconhecer que o 'modelo da natureza humana' a que agora me proponho não é mais o do 'homem livre' espinosista, aquele que 'viveria somente segundo o mandamento da razão'* (Ética, IV, prefácio e demonstração da prop. 67)".

À sabedoria inumana, enganosa e ilusória de Espinosa, André acaba preferindo a de Montaigne, essa "sabedoria do vento" que encontramos tão bem-formulada nesta passagem dos *Ensaios* (II, 2):

"Tão sábio quanto quiser, mas é afinal um homem: o que há de mais caduco, mais miserável e mais desprezível? A sabedoria não reforça nossas condições naturais. [...] Então, somos vento em tudo. E o vento ainda, mais sabiamente do que nós, se agrada em farfalhar, em se agitar, e se contenta com seus próprios ofícios sem desejar a estabilidade e a solidez, qualidades que não são suas".

Um espinosista puro e duro responderá a Comte-Sponville que apenas o espinosismo permite se reconciliar com o real. É, por exemplo, o que defende Robert Misrahi (ainda no prefácio de sua tradução da *Ética*):

"Para que a filosofia seja a mais extrema alegria, é evidente que ela deve ser uma filosofia monista deste mundo e uma busca explícita da alegria neste mundo, mas num nível não empírico. Só tal filosofia pode conduzir à adesão amorosa e intelectual ao mundo e conduzir o sujeito a uma felicidade que valha como uma salvação".

Adesão amorosa e intelectual ao real, ou seja: *amor fati*. Trata-se de amar o real, de se resignar a ele em todas as circunstâncias, de lhe dizer "sim", porque finalmente compreendemos que ele é necessário e, como tal, perfeito, mesmo que tudo nele não o seja, pois não há mais nada, nenhum possível, nenhuma alternativa. Monismo radical, portanto reconciliação com o que é. Pergunta: O que vale essa frase e para quem ela vale? Em que momento e em que circunstâncias? Como alguém que vê, num campo de extermínio, seres amados sendo torturados diante dele antes de a sua vez chegar, poderia seriamente ser sábio no sentido dessa adesão amorosa ao real? Como ele poderia aderir amorosa e intelectualmente ao mundo, e o que vale a filosofia que sustenta essa pseudossabedoria? Como não reconhecer que em alguns casos essa injunção de amar o real em todas as suas formas é absurda, indecente, obscena? Como não ver que essa pseudossabedoria não é boa nem em teoria (o argumento ontológico é uma piada), nem aplicável na prática porque essencialmente inacessível a esses infelizes *modes finis* que são os humanos, nesse sentido o espinosismo mergulha no pior dos niilismos: aquele que consiste em fabricar um ideal voluntariamente tão distante do real que não visa no final senão culpar indefinidamente os humanos. O espinosismo, como o estoicismo, é uma filosofia para tempos tranquilos: ele nos diz como amar o mundo quando ele é amável, mas não como amá-lo quando não o é. Só um grande psicótico poderia verdadeiramente viver, quero dizer não só em palavras, na sabedoria de Espinosa.

Razão pela qual nunca encontrei na vida real um único sábio espinosista e estou certo de que não encontrarei nenhum porque, como diz tão bem Comte-Sponville, mas agravando o caso de Espinosa, nenhum ser humano vive no conhecimento do terceiro gênero, no amor intelectual a Deus, que permanece, infelizmente (o que é muito bom), apenas uma simples ideia da razão, ou seja, uma construção metafísica não representável (não "esquematizável"), sem qualquer tradução possível para a realidade humana. Enquanto o espinosismo pretende ser um realismo absoluto, um monismo consumado, uma filosofia da imanência radical, da reconciliação com o que é, um hino ao amor ao mundo como ele é, ele aparece na verdade como o ideal mais inacessível e mais culpabilizante que existe em toda a história da filosofia: ele nos convida a nos identificar com um ponto de vista, o de Deus e da onisciência, com o qual na realidade é totalmente impossível coincidir!

A ética de Espinosa sem sua metafísica ou a metafísica de Espinosa sem sua ética?

Esta é a grande tentação de certos leitores de Espinosa. André Comte-Sponville rejeita sem pesar a sabedoria "enganosa, inumana e ilusória", mas um materialista radical tentaria de bom grado conservar certos aspectos da teoria, por exemplo o determinismo absoluto e a crítica do livre-arbítrio, enquanto Frédéric Lenoir confessa um pendor pela estratégia oposta, a que consiste em encobrir o determinismo mantendo apenas uma versão insípida da sabedoria do amor e da felicidade. Em que vemos como, no próprio seio da ilusão metafísica, os interesses que animam secretamente a razão dogmática, o interesse teórico para as explicações causais e o interesse ético para a luta contra as paixões tristes procuram sempre prevalecer um sobre o outro quando na realidade são inseparáveis. Creio, com efeito, já ter suficientemente demonstrado que essas duas atitudes são rejeitadas de antemão por todo esse sistema de Espinosa, um metafísico cuja coerência *more geometrico* era a principal preocupação e que certamente nunca teria aceitado que se separe teoria e prática, metafísica e sabedoria numa doutrina cuja potência sistemática ele sempre elogia. Ocorre com ele o mesmo que com os estoicos: teoria e moral, metafísica e sabedoria são de tal forma inseparáveis que ao dissociá--las, nos precipitaríamos, aos olhos deles, na incoerência. Em outras palavras, parece-me que levando-se em conta as definições novas, não espinosistas, de sabedoria propostas hoje por André Comte-Sponville, ele deveria preferir o racionalismo crítico ao racionalismo dogmático e, por sua vez, Frédéric Lenoir não deveria de forma alguma rejeitar o racionalismo dogmático se quiser continuar a fundar solidamente a felicidade eterna que ele pretende oferecer a seus leitores, a rejeição das paixões tristes não sendo possível senão se apoiando no determinismo radical de Espinosa.

Mas qual sabedoria reivindicar se a de Espinosa se revela literalmente delirante, desprovida de sentido, enganosa e "inumana"? Vimos como Comte-Sponville se voltava de bom grado para Montaigne, para uma sabedoria mais humilde e mais frágil ou, como ele diz, mais "terna". De qualquer forma, nesse debate, sejam quais forem os argumentos, pelo menos uma coisa está clara e penso que já a compreendemos: é que do ponto de vista do determinismo absoluto que é o das sabedorias antigas, o projeto de lutar contra a lógica natural das idades da vida não tem sentido algum. Primeiro porque não se luta contra o destino, em seguida porque a sabedoria consiste em aceitá-lo, não em querer transformar o real, menos ainda em revoltar-se contra ele. O espiritualismo laico que defendo aqui propõe, como veremos agora, exatamente o contrário.

2
O espiritualismo laico
Perfectibilidade, longevidade, amor

"A resignação é um suicídio cotidiano."

Balzac

A sabedoria nos "ensina" verdadeiramente, como pretendem nossos novos mercadores de felicidade, a dizer "sim" à divina natureza bem como ao curso do mundo tal como ele é simplesmente porque eles seriam regidos por um determinismo absoluto e porque nosso livre-arbítrio seria apenas uma ilusão geradora de paixões tristes? Já ficou claro que em todos os aspectos penso o contrário. Não se trata aqui, no entanto, de opinião pessoal, de viés subjetivo, o que não teria interesse algum, mas de uma argumentação filosófica enraizada numa visão de mundo resolutamente oposta às sabedorias da resignação, uma espiritualidade laica nascida da síntese das duas idades do humanismo: a primeira idade, claro, é a do Iluminismo, que foi capaz pela primeira vez na história da humanidade de teorizar as ideias de liberdade, de perfectibilidade e de progresso ao mesmo tempo que propunha uma revolução moral e uma política ancorada no universalismo, o das verdades da ciência moderna, claro, mas também dos direitos humanos, da democracia e da ideia republicana. A segunda idade não abole a primeira, em vez disso vem completá-la, mas de maneira tão significativa que modifica profundamente seu sentido: tomando impulso no século XIX, florescendo no século XX e ainda mais no século XXI, ela está ligada ao que chamei em outro livro (este era o título) de "revolução do amor", o nascimento na nossa velha Europa da família moderna, inseparável do fim do casamento arranjado (ou casamento de conveniência) e do nascimento das uniões fundadas na paixão amorosa.

Para compreender como uma síntese dessas duas idades do humanismo pode fundar uma nova espiritualidade, para perceber como, ao contrário do estoicismo e do espinosismo, ela supõe que não nos submetamos, qualquer que seja a situação, como o cachorrinho preso à carroça de Sêneca, nem à ordem natural do mundo nem ao curso da história a fim de lhe dizer sempre "sim", sejam quais forem os "altos e baixos", para perceber também como as ideias de educação ao longo da vida, de partilha e de transmissão dos valores e dos conhecimentos dão sentido ao projeto de aumentar a duração da vida humana em boa saúde, é indispensável situar essa nova visão de mundo na história das grandes respostas dadas à questão da vida feliz, da vida boa para os mortais. Há que se compreender de onde viemos para saber onde estamos e colocar em perspectiva nossos debates sobre a finitude e a brevidade da vida.

São temas que sempre abordo em alguns de meus livros, mas a apresentação que hoje posso oferecer deles não é uma simples repetição. Creio poder com efeito expor agora de maneira enfim sistêmica a mensagem essencial das grandes visões de mundo que pontuaram a história das reflexões sobre a sabedoria, o sentido e a definição da vida feliz. Como você poderá ver, não só todas elas estão ligadas a uma certa relação com a finitude humana, portanto com a duração da vida, mas de maneira muito significativa as respostas que elas oferecem defendem um novo humanismo na medida em que vão claramente do menos humano ao mais humano, do mais transcendente ao mais imanente à humanidade.

Vejamos de mais de perto.

Uma apresentação sistêmica das cinco grandes respostas à questão da vida boa para os mortais

A primeira resposta, como vimos em parte, mas sem extrair ainda todas as lições para a compreensão desta história, é a das sabedorias antigas segundo as quais trabalhar para um alongamento da vida não teria sentido algum. Poderia ser definida como "cosmológica" já que uma vida feliz se define como a harmonização de si com a harmonia do universo, com a harmonia natural do cosmos, essa ordem do mundo que transcende um ser humano chamado a nela se inscrever. E sendo o cosmos eterno, ao ajustar-se a ele como um fragmento de um quebra-cabeça encaixa-se ao quadro geral, colocando-se, por assim dizer, "em harmonia com a harmonia", o próprio ser humano torna-se de algum modo um fragmento de eternidade, o que é uma primeira maneira de definir a sabedoria e o sentido da vida ao mesmo tempo que a salvação, a harmonização de si com a ordem cósmica permitindo de algum modo "salvar-nos" da morte. Nessa perspectiva "eudemonista" (centrada na busca da felicidade), o que importa é viver bem, encontrar a vida boa, não buscar desesperadamente viver por mais tempo. Como vimos ao evocar o pequeno diálogo de Cícero sobre a velhice, o sábio é aquele que aceita viver "com sua idade" a fim de abordar tanto quanto possível com serenidade esses momentos naturais da existência que são a velhice e a morte.

A *segunda resposta* é a das grandes religiões. Ela nos convida a nos harmonizarmos não mais com o cosmos, mas com os mandamentos divinos, uma harmonia que pode nos abrir as portas de uma imortalidade mais pessoal do que aquela, anônima e cega, prometida pelas cosmologias antigas. Nessa perspectiva, a questão da longevidade também não tem muito sentido. Buscar viver por mais tempo nesta Terra é não apenas contrário à natureza das coisas como Deus as criou, mas, além disso, é completamente inútil, uma vez que é num outro lugar radical, num além da existência terrena, que a imortalidade e a vida bem-aventurada nos são prometidas. O essencial é, portanto, trabalhar para merecê-las, e no cristianismo é pelo amor, pelo ágape, que podemos conseguir vencer a morte, como nos ensina o Evangelho de João por meio do episódio da ressurreição de Lázaro, cuja lição, no plano espiritual, é que o amor é mais forte do que a morte. Então, aqui também, a longevidade não é verdadeiramente um assunto e, no mais, está bastante claro que a Igreja Católica é em todos os aspectos hostil a tudo o que pode se aproximar do projeto transumanista.

A terceira resposta é a da primeira idade do humanismo. Ela consiste em colocar sua vida e seu pensamento em harmonia não mais com o cosmos ou com o divino, mas com o resto da humanidade. Ela desponta na célebre fórmula do direito moderno segundo a qual "minha liberdade deve [ou deveria...] terminar onde começa a do outro", uma injunção que, no fundo, nada mais é do que a tradução no plano jurídico-político da moral republicana e universalista dos direitos humanos e do respeito pelo outro. Acrescentaremos que, nessa perspectiva, que é essencialmente a do humanismo herdado do Iluminismo, dessa *res publica* que os filósofos alemães designam pela palavra *Öffentilichkeit* (a "publicidade" no sentido do "espaço público"), convém não apenas colocar sua vida em harmonia com a dos outros, mas trazer tanto quanto possível, por sua ação livre e cada um na sua medida, sua contribuição para a história do progresso humano, ou como dizem tão bem: sua pedra ao edifício. Essa contribuição pode então nos abrir as portas de uma certa forma de eternidade, aquela que reside na memória das pessoas e que se inscreve de bom grado de maneira simbólica, a pedra que responde à pedra, no mármore ou no granito dos monumentos públicos. O que importa aqui é, portanto, menos a longevidade individual do que a da espécie. Ainda assim, a ideia de trabalhar pelo alongamento da vida começa a adquirir sentido na medida em que as ideias de progresso e de liberdade, entendidas como a possibilidade de um descolamento da natureza e de uma história que segundo os revolucionários franceses "não é mais nosso código*", fazem sua aparição. Assiste-se então a uma ruptura radical com o modelo antigo da estabilidade intangível e repetitiva dos ciclos da natureza, e essa ruptura dá sentido às noções de perfectibilidade infinita e de educação ao longo da vida, portanto à ideia de que uma vida mais longa talvez pudesse permitir que nós mesmos nos melhoremos, nos realizemos mais a fim de transmitir um mundo melhor às gerações futuras.

A quarta resposta é a dos grandes desconstrutores, a dos "filósofos da suspeita", Schopenhauer, e mais ainda Nietzsche, Marx, Freud e Heidegger. Trata-se de desconstruir as ilusões alienantes da metafísica, da religião e mesmo do racionalismo do Iluminismo, cujos impulso inicial e espírito crítico devem certamente ser conservados, mas, para ir mais longe, reforçá-lo ainda mais e

---

* A frase completa "Contamos com a história, mas a história não é mais nosso código" foi dita num discurso feito pelo deputado Rabaut Saint--Étienne em 1789 [N.T.].

dar-lhe uma nova vida. Como insiste Nietzsche, é preciso *"levar mais longe a bandeira do Iluminismo[44]"*, uma bandeira sobre a qual se destaca o nome de Voltaire, cuja liberdade de espírito Nietzsche se dispõe a homenagear. Se há críticas à primeira idade do humanismo (e *a fortiori* à metafísica e às religiões), é, portanto, de algum modo em seu nome, pois foi ele quem abriu a caixa de Pandora, aquela que continha o espírito crítico e o projeto da desconstrução das ilusões. As filosofias da suspeita nos convidam então a prosseguir na tarefa que consiste em se libertar das diferentes faces da alienação. O cuidado de si, que é o resultado desse projeto de chegar à autenticidade, de ser verdadeiramente si mesmo como indivíduo livre, deve por vezes passar pelo desvio do coletivo, pela ideia revolucionária, como é o caso em Marx, mas no final, em todos esses grandes desconstrutores, o objetivo é realmente em última instância, como se vê melhor em Freud, colocar-se em harmonia, não mais com o cosmos, com o divino ou com a humanidade, mas consigo mesmo, os outros sendo, por assim dizer, os personagens secundários do projeto. Nesse sentido o ideal de "desalienação" prefigura o individualismo narcísico que caracteriza no mais alto grau a época atual, uma rejeição das transcendências passadas que conduz os indivíduos a esta "felicização" do mundo, esta busca do bem-estar individual e da felicidade pessoal promovidas pela psicologia positi-

---

44. Cf. *Humain, trop humain*, § 26 [Humano, demasiado humano. São Paulo: Companhia de Bolso, 2005].

va, pelas teorias do desenvolvimento pessoal e, em parte, também, pela ecologia.

No final, é bastante lógico que a luta contra a alienação em todas suas formas, a busca da autenticidade e a ênfase dada a esse famoso "cuidado de si" do qual Foucault, como herdeiro dos grandes desconstrutores alemães, faz a apologia, estimulem as ideologias da felicidade a propor aos nossos novos Narcisos um retorno às sabedorias antigas. Num artigo do *Nouvel Observateur* de 21 de fevereiro de 1972 e já consagrado aos vínculos entre psicanálise e redescoberta da prática ancestral da ioga, um psicanalista observa então que *"em ambas as disciplinas há desinvestimento do mundo exterior e reinvestimento do mundo interior, tanto no ioga como na análise, há interiorização, umbiguização, amor-próprio, narcisismo"*. No mesmo sentido, a psicologia positiva nos convida a pensar que a felicidade não depende do estado do mundo exterior, mas apenas de nossa capacidade de *"sermos amigos de nós mesmos"*, segundo uma fórmula particularmente apreciada por Christophe André, um de seus principais representantes na França. Assim, em seu livro *Imparfaits, libres et heureux* [Imperfeitos, livres e felizes] (Odile Jacob, 2006), cujo subtítulo indica claramente o objetivo (*Pratiques de l'estime de soi* [Práticas de autoestima]), encontramos um capítulo muito significativo dessa nova visão de vida feliz segundo a qual a felicidade residiria na harmonia "amigável" de si consigo mesmo.

"Ser seu melhor amigo", esse é o segredo, explica Christophe André, e é aliás o tema principal da passagem de seu livro que nos convida com muita seriedade a nos comportarmos como se nos amássemos tanto quanto se fôssemos nossos próprios pais! Prefiro aqui deixar a palavra ao próprio Christophe André, para não ser acusado de caricaturar seu intento: *"Esse amor por nós mesmos deveria ser da mesma natureza que o dos pais pelos filhos: incondicional e infinitamente benevolente. Algumas terapias estão explorando hoje esse caminho de autopaternidade com resultados iniciais promissores"*. Amar a si mesmo como amamos nossos filhos? Tal é, de fato, segundo Christophe André, o ideal dessa psicologia positiva que floresce sobre os escombros da desconstrução. A consequente apologia do cuidado de si representa um ideal que confesso, uma vez que também tenho filhos, me parecer mais próximo da patologia grave do que da sabedoria e da saúde mental – mas este é, evidentemente, meu ponto de vista de pai de família. Para dizer a verdade, o dia em que eu conseguir me amar como amo minhas filhas, creio que estarei pronto para a internação compulsória. De todo modo, a questão da longevidade não tem, também aqui, sentido algum, o essencial sendo, como recomenda o retorno às sabedorias antigas, viver bem, aceitar-se tal como se é e "desapegar-se" diante da inevitabilidade da velhice e da morte, certamente não lutar a favor de uma vida mais longa sem levar em conta a ordem natural das coisas.

Na direção de uma quinta resposta, a de um espiritualismo laico síntese das duas idades do humanismo

Por mais paradoxal que pareça, é com base nessas filosofias da tábula rasa, da suspeita e da desconstrução que, em nome do cuidado de si e da desalienação, nos levam para a busca da felicidade e para a nostalgia das sabedorias antigas, que hoje começamos a vislumbrar a possibilidade de uma reconstrução, e mesmo de um reencantamento do mundo em torno de uma nova figura da transcendência e do sagrado. Não se trata mais, evidentemente, de uma transcendência vertical, caída do céu, como as das cosmologias antigas e das religiões, mas de uma transcendência que poderíamos chamar de "horizontal", encarnada na humanidade, um sagrado agora com rosto humano diretamente resultante da erosão dos fundamentos metafísicos e religiosos, mas também econômicos e biológicos, da família tradicional. É paradoxalmente esta liquidação dos princípios do mundo antigo, em particular do casamento de conveniência arranjado pelos pais e pelos vilarejos, depois sua substituição pela lógica das uniões fundadas nos sentimentos e na paixão amorosa, que vai conduzir ao que chamei de "sacralização", e mesmo de "divinização" do humano – nesse sentido, ao contrário do que hoje martelam nossos pessimistas, a ruptura com o universo das tradições, longe de nos mergulhar na era do vazio e da derrelição, faz emergir novos valores e novos horizontes de sentido em torno dos quais um projeto filosófico e político ainda inédito se torna possível, um projeto que não se reduz a uma busca da felicidade pessoal, menos ainda a um retorno às sabedorias do cosmos.

Sendo ainda mais claro: com a desconstrução das autoridades e dos valores tradicionais, não são mais as entidades exteriores e superiores ao indivíduo que dão sentido, não são mais elas que permitem "verticalmente" definir a vida boa em relação a um cosmos, a um deus, e mesmo a uma grande causa nacionalista ou revolucionária caídas do céu, mas é na própria humanidade que os ideais de sabedoria e de salvação acabaram se encarnando. O cosmos dos gregos, o divino das grandes religiões e mesmo os ideais patrióticos ou revolucionários da primeira idade do humanismo, nos remetiam às transcendências colocadas acima do indivíduo, às transcendências que consideravam o ser humano do alto e que muitas vezes o enviavam para guerras de extermínio – guerras de religiões, guerras de conquistas. Além disso, claro está que nessas guerras, fossem elas nacionalistas ou revolucionárias, os indivíduos eram considerados como uma massa simplesmente explorável, como bucha de canhão. A transcendência que hoje emerge, e que chamo de "horizontal", desceu por assim dizer do céu para se encarnar na humanidade, na figura do ser humano amado, ou possivelmente amado[45]. Para mim, não é um declínio, como

---

45. Ao contrário de Levinas, é a uma fenomenologia do amor como lugar da saída de si que convido aqui o meu leitor.

tendem a pensar aqueles que não veem na Modernidade uma era de vazio e de derrelição, mas um formidável progresso, uma vez que a noção de "espiritualismo laico" descreve a filosofia que o registra.

Para compreendê-la, para perceber como, por mais paradoxal que pareça, a grande desconstrução não só não destrói todas as transcendências, como faz surgir outras novas, e isto tanto na vida privada como na vida pública e política, é preciso compreender o que distingue os diferentes tipos de transcendências que acabo de mencionar, aquela que hoje emerge sobre os escombros do mundo antigo não sendo, por ser "apenas" humana, nem menos sensata nem menos poderosa do que as precedentes, muito pelo contrário. Embora me pareça indispensável conservar certos aspectos essenciais da primeira idade do humanismo, a do Iluminismo e do universalismo republicano, em particular sua preocupação com a liberdade, com a perfectibilidade e com uma história orientada para o melhor, não se trata de fazer um mero retorno ao passado, um retorno a Kant e ao racionalismo do século XVIII. Em relação ao humanismo republicano, o espiritualismo laico ligado à segunda idade do humanismo modifica o contexto, ele vai além, engloba e modifica consideravelmente o primeiro. Mas antes de fazer uma descrição mais aprofundada e vincular essa nova espiritualidade laica à questão da longevidade, cabem algumas reflexões sobre o sentido dessa história, cujas principais articulações acabamos de traçar.

Por que os traços característicos dessa história são filosoficamente fascinantes...

De fato, eles são dignos de um enorme interesse. Ainda que sob uma forma inédita, eles acabam reabilitando uma noção julgada morta e enterrada desde o fim do comunismo, a de um "sentido da história".

Gostaria antes de retomar o ponto mais marcante, a saber, o fato de que as respostas dadas à questão da vida feliz vão do menos humano ao mais humano, do mais transcendente ao mais imanente à humanidade, e mesmo ao indivíduo singular: o cosmos era pensado pelos gregos como literalmente "inumano", radicalmente exterior e superior aos seres humanos; o Deus dos grandes monoteísmos, embora também transcendente, já tinha, no entanto, uma aparência mais humana: ele falava, dirigia-se a nós como um pai de família o faria e, no cristianismo, assumia até mesmo a forma de um "homem-Deus", Jesus, um ser tão humano que se deixa crucificar, *escândalo para os judeus, loucura para os gregos*" dirá São Paulo; com o humanismo republicano e o Iluminismo, é na própria humanidade que o princípio da salvação começa a se encarnar: a Nação e a Revolução humanizam o sagrado, apoiam-se em coletivos humanos, ao passo que com a quarta resposta, aquela que surge das grandes desconstruções, são as ideologias materialistas do "cuidado de si", da desalienação e, portanto, da imanência radical ao indivíduo que se tornam dominantes. A cada vez é exposta uma relação com o sentido da vida, com aquilo que dá um rumo e um destino à existência humana em conexão com a noção de harmonia: a harmonia com o cosmos, com Deus, com a humanidade, consigo mesmo...

Observaremos em seguida que todas essas respostas estão diretamente ligadas, como Schopenhauer havia compreendido, à consciência de nossa condição de mortais, portanto à questão da salvação entendida como uma tentativa de superar tanto quanto possível nossa finitude ou ao menos dar-lhe um sentido. Quer seja pela consonância com um cosmos eterno, com um deus que nos promete a imortalidade, com uma humanidade cujo progresso deveria ser infinito ou com sua própria pessoa na perspectiva de um regresso aos Antigos e de uma aceitação da ordem natural das idades da vida, uma doutrina da salvação aflora em todas essas visões de mundo.

Observaremos também que seus principais momentos constituem sempre para nós horizontes de sentidos possíveis. As filosofias antigas, ao contrário do que ocorre na história das ciências, não são descartadas nas latas de lixo da história, aniquiladas pelas mais recentes. Embora não as compartilhemos mais, embora às vezes as critiquemos, nem por isso elas deixam de conservar um significado, a exemplo das obras de arte do passado que ninguém sonharia em declarar que se tornaram caducas pelas mais modernas. Se alguém se apaixona pela ecologia, poderá se reconhecer na ideia de uma harmonização de si com a harmonia da natureza; se for crente, amará a teologia que oferece tesouros de sabedoria e de consolação; o humanismo da primeira idade, apesar de certa platitude, ainda hoje permite dar sentido à ideia republicana e também à noção de progresso, ao passo que o ideal de desalienação visado pelos desconstrutores abre-se ao cuidado de si e a uma busca pela felicidade cuja sedução do público em geral é fácil compreender. Quanto à revolução do amor, ela se impõe a nós com tal força que ninguém pode negar que uma existência totalmente desprovida de amor não teria mais muito sentido.

Por essa razão, a história dessas grandes visões filosóficas do mundo possui um encanto que a das teorias científicas ultrapassadas nunca oferecerá, pois todas essas doutrinas morais e espirituais, mesmo as mais antigas, ainda nos dão algo para pensar e isso tanto mais porque são objeto de debate. De fato, existem em todas as épocas contraculturas e contrafilosofias. Nada é jamais homogêneo nessa história. Como contraponto à cosmologia grega de Platão, de Aristóteles ou dos estoicos, há o materialismo dos atomistas ou a crítica da verdade entre os sofistas; como contraponto ao idealismo de Descartes, de Kant ou de Hegel, há os céticos, os empiristas e os materialistas; como contraponto aos liberais, os socialistas e os comunistas; como contraponto aos estatistas, anarquistas; como contraponto aos metafísicos e crentes, desconstrutores... Ainda hoje, embora o materialismo e as teorias da felicidade formem a ideologia dominante, para não dizer o pensamento único no Ocidente, existem visões de mundo espiritualistas. É o caso daquela que defenderei aqui. Considerando que a humanidade é una ao longo de sua história, que não existem várias humanidades radicalmente separadas umas das outras, cada época antiga já sabe algo das futuras ao passo que as novas guardam a lembrança das precedentes, cada uma tendo seus oponentes mais ou menos radicais.

Por fim, é muito interessante que todas as respostas se apoiem de alguma forma na ideia de harmonia. Quer seja com o cosmos, com o divino, com a humanidade, consigo mesmo ou com aqueles que amamos ou poderíamos amar, a harmonia sempre aparece como um guia, como uma bússola, de modo que a vontade de a destruir na música atonal me parece largamente destinada ao fracasso. Por razões de fundo, estou convencido de que sempre alguém ouvirá Bach, Schubert, Beethoven, Ravel, Debussy, até mesmo Elvis Presley, Dalida ou os Beatles, mais do que as obras de música serial que pretendiam destruir a harmonia em nome da dissonância, uma tentativa de ruptura que na verdade nunca conseguiu cativar o público[46].

---

46. Sobre este ponto, remeto à conferência do pianista e compositor Jérôme Ducros feita no Collège de France sobre o fracasso da música atonal no curso de Karol Beffa. É facilmente acessível na internet e vale realmente a pena o desvio.

Defender uma espiritualidade laica, síntese das duas idades do humanismo que, longe de negá-lo por completo, leva em conta a herança do primeiro humanismo mas também da desconstrução

Hoje, para muitos de nós, o "sagrado" entendido como o lugar do sacrilégio e do sacrifício possível, como aquilo pelo que poderíamos pegar em armas, arriscar nossas vidas, e mesmo dá-las, não se situa mais num outro lugar que na transcendência de pessoas de carne e osso, a começar por aquelas que amamos ou poderíamos pelo menos amar. Para empregar um vocabulário hegeliano, o segundo humanismo é sobretudo um humanismo do amor que nos propõe uma *Aufhebung* do primeiro, uma "ultrapassagem que conserva e inova" ao mesmo tempo: sem rejeitar o Iluminismo, o racionalismo, a ideia republicana ou a crítica kantiana das ilusões da metafísica dogmática, a espiritualidade do segundo humanismo os engloba para ir além, em particular porque ela leva paradoxalmente em conta as contribuições da desconstrução dos "ídolos" pelos pensadores da suspeita. Uma "restauração" que deixasse de lado as aventuras da arte e da filosofia no século XX seria, a meu ver, desprovida de sentido – por isso que, apesar da minha simpatia pelos aspectos mais fundamentais do Iluminismo, a nostalgia atual pela Terceira República não me convence muito. As restaurações políticas parecem-me carecer cruelmente de sentido histórico, e é isso que sempre as condena ao fracasso: se uma posição foi ultrapassada na história, é porque havia razões para que essa ultrapassagem ocorresse, de modo que querer reavivar o passado tal qual foi nunca poderia ser bem-sucedido, quaisquer que sejam, por outro lado, os elementos do mundo antigo que alguém desejasse com razão conservar. Em relação à escola, por exemplo, partilho de várias aspirações legítimas dos neorrepublicanos que se opõem aos desvios "pedagógicos" atuais. O fato é que, mesmo nesse caso, não considerar de forma alguma, em nome do "elitismo republicano", as exigências e as realidades da democratização do ensino bem como o surgimento de novos públicos não é nem possível nem desejável. Num outro registo, é bastante evidente que o progressismo de Jules Ferry era acompanhado de um racismo colonial que, felizmente, não é mais relevante hoje; nesse sentido, não é ocultando as razões do desaparecimento de uma posição antiga que podemos conseguir reviver o que nunca reviverá.

E mais, os nostálgicos da Nação e da Revolução parecem-me passar ao largo do que vivemos hoje no seio desta segunda idade do humanismo. Longe de liquidar o sagrado e os grandes propósitos em política em nome de um retorno à família e à esfera privada, a "revolução do amor" afeta o coletivo. Por mais paradoxal que possa parecer à primeira vista, ela se expressa com uma força muito grande tanto na esfera pública quanto na esfera privada por uma preocupação sempre crescente com as gerações futuras, a história dos indivíduos impactando vigorosamente a do coletivo. Hoje, pelo menos na velha Europa ocidental, a grande questão política não é mais a do autossacrifício nas guerras nacionalistas ou revolucionárias, mas a do mundo que nós, adultos, assumiremos a responsabilidade de deixar aos que mais amamos, aos nossos filhos, não egoisticamente *meus* filhos, mas nossos, portanto a toda a humanidade – é a questão da dívida: Vamos egoisticamente deixar-lhes uma dívida que lhes tornará a vida mais difícil? Claro que é a da ecologia: Vamos deixar para eles um mundo habitável? Mas é também a da guerra na qual nos engajamos, ainda que contrariados, contra o fundamentalismo religioso, a do futuro da proteção social no seio de uma globalização que corre constantemente o risco de corroê-la, a da escola e da formação que deve ser repensada de fio a pavio num mundo onde nossos filhos, para encontrar um papel digno deles na sociedade, terão de ser complementares e não vítimas da inteligência artificial e da robótica. Em suma, são todas essas questões políticas mais essenciais que vão se reorganizar – para além dos centros de sentido antigos que foram a Revolução à esquerda e a Nação à direita – nesta perspectiva nova que deve ser compreendida como diretamente ligada a essa sacralização do humano inseparável do nascimento da família moderna.

O tipo ideal de espiritualismo laico

Gostaria, portanto, de expor aqui em detalhe e em profundidade esta quinta resposta, a desse espiritualismo laico que caracteriza a segunda idade do humanismo que designei como "humanismo da alteridade e do amor[47]". Para apresentar corretamente o tipo ideal, ou seja, as características fundamentais deste último modelo, é preciso fazê-lo da mesma maneira que para as outras grandes visões de mundo que o precederam e que é preciso agora compreender que elas traziam respostas às seis questões essenciais de toda filosofia. Nelas sempre encontrávamos: 1) uma teoria do conhecimento (questão da verdade); 2) uma visão moral do mundo e uma teoria política (questão do bem e do mal, do justo e do injusto); 3) uma doutrina da salvação (uma soteriologia), da vida feliz, portanto do sentido da vida e da sabedoria, isto é, uma espiritualidade (religiosa ou laica); 4) uma reflexão sobre a definição e os critérios do belo (portanto, uma teoria estética); 5) uma reflexão sobre as ciências positivas (uma epistemologia); e, finalmente, 6) um panorama de nossa relação complexa com as três dimensões do tempo (passado, presente, futuro), portanto, de alguma maneira, com a questão da longevidade ou da brevidade da vida.

Ora, em cada uma das grandes visões de mundo que trazem essas respostas, esses seis elementos são inseparáveis: formam, a rigor, um sistema, e isso nos dois sentidos do termo, horizontal e vertical, sincrônico e diacrônico. No horizontal: teoria do conhecimento, ética, soteriolo-

---

47. Ver também, para uma apresentação menos subjetiva, o livro de Éric Deschavanne, *Le Deuxième Humanisme. Introduction à la pensée de Luc Ferry* [O segundo humanismo. Introdução ao pensamento de Luc Ferry] (Germina, 2010).

gia, estética, relação com as ciências positivas e relação com o tempo se encadeiam de maneira coerente dentro de cada modelo; no vertical ou em diacronia (na história das ideias), é claro, e pudemos ver o quão era essencial ir do mais transcendente em relação à humanidade (o cosmos, Deus) ao mais imanente, ou melhor dizendo, ao mais humano (a Nação e a Revolução no primeiro humanismo, o cuidado de si nas filosofias da desconstrução e da felicidade, a revolução do amor no espiritualismo laico): em todos os casos, a partir da terceira resposta, começamos a entrar no mundo humano, para além da cosmologia e da teologia – daí o fato de que as últimas respostas já assumam mais ou menos a forma de espiritualidades laicas, de definições da sabedoria e da vida feliz que não são mais cosmológicas ou religiosas.

É essencial compreender bem esses vínculos, perceber pela reflexão (o pensamento do pensamento) como eles formam um sistema para que a última resposta, aquela que aqui defendo, também possa ser apresentada com o mesmo nível de rigor, de exigência filosófica e de coerência. Por isso proponho que você as reexamine uma última vez, mas agora de um ponto de vista sistêmico, a fim de perceber corretamente a lógica de conjunto que sozinha explica sua verdadeira força de sedução.

O modelo cosmológico das sabedorias antigas

Ele atinge sua mais alta perfeição na escola estoica, mas encontramos seus traços marcantes em todas as "sabedorias do mundo[48]", seja na *Odisseia* de Homero, na *Teogonia* de Hesíodo, ou em Platão e Aristóteles. Exponhamos brevemente os seis traços para mostrar sua coerência reflexiva global.

1) A teoria do conhecimento toma a forma de *theôria*, termo cuja etimologia vem tanto da palavra *theion*, que designa o divino, quanto do verbo *oraô*, que quer dizer "ver", o que significa que, para os filósofos gregos da tradição das sabedorias do mundo (das sabedorias cosmológicas), o real já é em si e para si harmonioso e divino (*theion*), cabendo à razão humana apenas "ver" (*oraô*), descobrir e contemplar uma harmonia que não lhe cabe introduzir no real, pois já está presente ali desde toda a eternidade. Aqui, portanto, o conhecimento é pensado como um análogo da visão, como uma forma de contemplação guiada pelos "olhos do espírito". Ao contrário exato da leitura modernista dada por Foucault em sua *História da sexualidade*, o "cuidado de si" grego não tem nada de narcísico. Ele designa ao invés uma prática da introspecção cujo único objetivo é preparar uma saída de si, uma reflexão destinada a aguçar nossa faculdade "teórica" ao consultar nossa razão, a única capaz de nos permitir "ver" a transcendência radical da divina harmonia do cosmos. Ao contrário do que afirma Foucault, o cuidado de si grego nada tem a ver, portanto, com a busca do prazer e do

---

48. Retomo a expressão do belo livro de Rémi Brague que traz o mesmo título.

bem-estar, característica do individualismo contemporâneo. É até mesmo o inverso visto que ele tem como finalidade verdadeira entrar em relação não consigo mesmo, e sim com a ordem cósmica transcendente no seio da qual é preciso encontrar seu lugar – como Ulisses em Ítaca.

Segundo Pierre Hadot, que num excelente artigo dedicado aos erros de Foucault escreve muito acertadamente sobre o sentido real do cuidado de si grego[49], "*Sêneca não encontra sua alegria em 'Sêneca', mas ao transcender Sêneca, ao descobrir que tem dentro de si uma razão, parte da Razão universal, inerente a todos os seres humanos e ao próprio cosmos*". Daí a crítica radical que Hadot dirige à interpretação foucaultiana da *theôria* grega, crítica sobre a qual vale seriamente a pena meditar na medida em que ela mostra o quanto o narcisismo contemporâneo, do qual Foucault se encontra prisioneiro como discípulo da desconstrução nietzscheana, está na realidade nos antípodas da relação grega com a transcendência da harmonia cósmica: "*De um ponto de vista histórico, escreve Hadot, é difícil admitir com Foucault que a prática filosófica dos estoicos e dos platônicos tenha sido apenas uma relação consigo, uma cultura de si, um prazer obtido de si. O conteúdo psíquico desses exercícios me parece algo bem diferente. O sentimento de pertencimento a um Todo parece-me ser seu elemento essencial: pertencimento ao Todo da comunidade*

---

49. *Exercices spirituels et philosophie antique*, Albin Michel, 2002, p. 305ss. [Exercícios espirituais e filosofia antiga. São Paulo: É Realizações, 2014].

humana, pertencimento ao Todo cósmico. [...] É inexato, por exemplo, falar de 'escrita de si' como faz Foucault. Não só este si não escreve si-mesmo, como também a escrita não constitui o si: como os outros exercícios espirituais, ela faz, ao contrário, o eu mudar de nível, ela o universaliza. A interiorização é ultrapassagem de si e universalização". Se menciono aqui o erro cometido por Foucault sobre a natureza da *theôria* grega, é porque infelizmente ele está muito difundido embora falseie na raiz a compreensão dos outros aspectos das sabedorias cosmológicas, o que torna sua interpretação falaciosa de A a Z.

2) No plano moral e político, com efeito, estamos, mais uma vez, nos antípodas do narcisismo contemporâneo, estamos no que chamei de "cosmológico-ético", ou seja, a ideia de que o justo é o que está ajustado ao cosmos, à ordem harmoniosa do mundo. E como essa ordem é exterior e superior à humanidade, como também é a um só tempo fechada e hierarquizada, ela implica a ideia de uma hierarquia natural dos seres. As sabedorias do mundo pendem, portanto, muito naturalmente no plano político para uma concepção aristocrática da organização social, elas defendem a divisão da sociedade em classes enraizadas na natureza dos seres humanos, cabendo aos melhores comandar os inferiores, como vemos por exemplo na *República* de Platão – o que implica principalmente, como explica Aristóteles em *A política*, uma legitimação da escravidão por natureza (e não só pela guerra).

3) Terceiro elemento: a salvação reside, o que se afina de maneira perfeita com a ética e a política aristocráticas, na harmonização de si com a harmonia cósmica. Como sugeri acima, somos como fragmentos de um quebra-cabeça gigantesco, pequenos pedaços do real que buscam se encaixar no quadro maior, no cosmos; e como este é eterno, ao nos ajustarmos a ele estamos de algum modo salvos da morte, uma vez que nós mesmos nos tornamos fragmentos da eternidade.

4) Quarto traço: o belo, à imagem do justo e da salvação, inscreve-se na ótica do que chamei em outro lugar de "cosmológico-estético[50]": a obra de arte é antes de tudo pensada como um pequeno mundo, um microcosmo que deve reproduzir em tamanho menor as características do Grande Todo, a começar é claro pela harmonia. Daí as proporções perfeitas das estátuas gregas, mas também a simetria admirável que domina até no detalhe a arquitetura dos templos e dos palácios.

---

50. Para medir seu alcance, veja, por exemplo, o que Platão escreve no *Górgias*. Sócrates dirige-se a seu interlocutor Górgias e diz-lhe: *"Você pode, se quiser, considerar o exemplo dos pintores, o dos arquitetos, dos construtores de barcos e de todos os outros profissionais: cada um deles se propõe uma certa ordem [cosmos] quando coloca em seu lugar cada uma das coisas que ele tem de colocar, e ele constrange uma a ser o que convém à outra, a se ajustar a ela, até que o conjunto constitua uma obra que realiza uma ordem e um arranjo [cosmos]".* A obra de arte é, portanto, esse microcosmo, esse arranjo harmonioso realizado pelo artista ou pelo artesão. E, no fundo, quer construamos um barco ou uma estátua, cumprimos o mesmo trabalho: trata-se sempre de produzir uma ordem que será ela mesma um reflexo da ordem geral do mundo, um reflexo do cosmos.

5) Quanto à ciência cosmológica, a um só tempo física e matemática, ela necessariamente se desenvolve no seio desse mundo fechado, hierarquizado e finalizado que é, como de antemão, o oposto do universo infinito de Galileu e Newton. Aliás, essa infinidade do universo moderno despertará o terror do libertino Pascal, pois este é tomado pela angústia diante do colapso do cosmos grego e do *silêncio desses espaços infinitos* que caracteriza doravante o universo. Como Pierre Hadot, também aqui, mostrou claramente, o que diferencia a cosmologia antiga da ciência moderna é que ela não é nunca axiologicamente neutra: pelo contrário, ela está ligada antes tanto à *theôria* como à ética, mas depois à doutrina da salvação.

6) Por fim, *last but not least*, tratando-se da relação com o tempo: as sabedorias antigas, quer se trate do estoicismo, do epicurismo, do budismo ou do taoismo, sempre privilegiam o futuro do subjuntivo, um tempo verbal que é o único a nos preparar para a reconciliação com o presente contra os assaltos do passado e do futuro, um presente que as sabedorias antigas nos convidam a "saborear" e a habitar segundo o modelo do *Carpe diem* de Horácio. É se preparando para a morte e de um modo geral para todas as dificuldades da vida que conseguimos deixá-las mais leves, pois prever é também prevenir. Futuro do subjuntivo, portanto: "Quando a catástrofe acontecer, estarei preparado para ela", diz o sábio. Esse tempo de verbo aparece assim como a condição do *Carpe diem*. A fórmula, muitas vezes citada fora de seu contexto, é ti-

rada das *Odes*: (I, 11,8) de Horácio, e o verso completo é o seguinte: *"Carpe diem quam minimum credula postero"* (subtendido: *diei* = o dia), o que pode ser traduzido por "Colha o dia [literalmente, o verbo *carpo* significa 'pastar'] e preocupe-se muito pouco [*credula*: a palavra está no feminino porque o poema, como os conselhos que ele contém, dirige-se a uma moça, uma certa Leuconoé] com o dia seguinte [com o dia que vem depois]". Horácio, que se interessava tanto pelo epicurismo quanto pelo estoicismo, retoma aqui um tema igualmente presente nessas duas tradições filosóficas no entanto bastante opostas entre elas. Na verdade, ele inspira toda a filosofia grega e já está claramente presente na *Odisseia* de Homero. Trata-se da famosa mensagem filosófica segundo a qual o sábio é aquele que consegue viver no presente, que é capaz de *amor fati*, de amor pelo *fatum*, pelo que está aqui, pelo destino que está presente sob nossos olhos, diante de nós, aqui e agora.

Por que essa atitude é sábia, por que é indispensável para alcançar a vida feliz? Os gregos pensavam que dois males pesam sobre a vida humana: o passado e o futuro. O passado, quando foi feliz, nos puxa para trás, por um sentimento muito poderoso que os românticos alemães vão explorar novamente no início do século XIX: a nostalgia – a nostalgia do passado, dos tempos felizes, de nossa infância, dos bons velhos tempos... Mas quando foi infeliz, ele também nos puxa para trás por outras paixões, aquelas que Espinosa designará como as "paixões tristes": os remorsos, os lamentos, as culpas que nos despertam à noite. E quando conseguimos nos descolar do passado, logo somos tomados por outra ilusão, a do futuro, da esperança, da ideia de que "tudo vai melhorar depois". Como diz Sêneca, que faz dele um dos principais temas de suas *Cartas a Lucílio*, é uma miragem: imaginamos erradamente que "tudo vai se arranjar", depois de mudar isto ou aquilo, de profissão, de casa, de amigos, de marido, de mulher, de tudo o que se queira. É a grande ilusão, pois, na verdade, tudo depende de nosso estado de ser interior, de modo que as miragens do passado e do futuro nos impedem de viver no presente, de focar em nossa vida interior em vez de entrar numa corrida pelos bens.

Como podemos ver, é por uma estranha faculdade, que Kant chamava de *Uberleung* ("reflexão", ou "pensamento do pensamento", faculdade que, segundo ele, permite a escrita de uma obra de filosofia), que podemos desvelar os vínculos que unem de maneira sistêmica os principais traços característicos de uma visão de mundo, neste caso dessas cosmologias antigas que a desconstrução dos ídolos, o cuidado de si e a "felicização" do mundo recolocam na ordem do dia, separando-os todavia da transcendência cósmica que lhes dava, no entanto, seu verdadeiro significado.

O modelo teológico

Para nós, europeus, ele começa a decolar com o judaísmo e encontra seu apogeu, pelo menos no plano histórico e político, no cristianismo.

1) Claro que a teoria do conhecimento não passa mais essencialmente como em Platão, em Aristóteles ou nos estoicos, pela razão "teórica", mas pela fé. Embora a razão, como diz explicitamente São Paulo em suas cartas aos coríntios, permaneça essencial para a compreensão do mundo bem como para a leitura e interpretação dos textos sagrados, ela se torna, no verdadeiro sentido do termo, *secundária* em relação à fé. Segundo a famosa palavra de São Pedro Damião, um monge que viveu no século XI e que foi declarado pelo Papa Leão XII Doutor da Igreja no começo do século XIX, a filosofia é doravante "serva da religião", de modo que se a *theôria* não está excluída da compreensão da Mensagem, ainda assim é pela fé que se chega às verdades mais elevadas, as da Revelação.

2) No plano moral, é o teológico-ético que vem tomar o lugar do cosmológico-ético, os ensinamentos divinos, a exemplo dos Dez Mandamentos, devendo essencialmente ditar nossa conduta aqui neste mundo, tanto na vida privada quanto na vida pública. Mesmo em nossas sociedades laicas, para não falar das teocracias, as legislações contrárias ao ensinamento das três religiões do livro, quer se trate outrora do divórcio, do aborto, ou hoje da eutanásia, do casamento *gay* ou da procriação medicamente assistida (PMA), suscitam resistências e reticências ainda numerosas e por vezes veementes da parte de crentes ligados à teologia moral, ao teológico-ético. No entanto, é com a Parábola dos Talentos que a ideia de igualdade

entre os seres se expande ao se opor ao mundo aristocrático. A dignidade de um ser humano não depende mais da natureza, mas do que ele faz com os talentos que lhe foram dados, portanto com sua liberdade e com seu trabalho. Como dirá Tocqueville, o cristianismo será a verdadeira origem da ideia republicana e da Declaração dos direitos humanos, a igualdade das criaturas perante Deus se transformando muito simplesmente na igualdade dos cidadãos perante a lei.

3) Terceiro elemento: a salvação, o sentido da vida e a sabedoria se situam doravante na harmonização de si, não mais com a ordem harmoniosa do cosmos, mas com os mandamentos divinos, uma vez que essa harmonia deve nos abrir as vias do que a teologia cristã chama de "morte da morte".

4) No campo da estética, a Idade Média será o grande período das artes religiosas, de obras que evocam ou representam cenas importantes dos textos sagrados e valorizam os esplendores do divino.

5) Durante muito tempo, a Igreja Católica, e na verdade as outras religiões tanto quanto, serão hostis aos ensinamentos da ciência moderna. Ainda hoje inúmeros crentes, principalmente nos meios protestantes americanos e entre os muçulmanos fundamentalistas, rejeitam a teoria da evolução. A Encíclica *Fides et Ratio*, de João Paulo II, por meio de um retorno a Tomás de Aquino, aceita, no entanto, a ideia de que se um pouco de ciên-

cia afasta de Deus, muita ciência sempre nos conduzirá a Ele, desde que não possa haver contradição entre as duas verdades, a da razão e a da revelação. Contudo, durante séculos, a Igreja colocou a ciência sob tutela. Giordano Bruno foi condenado à fogueira, Galileu escapou por pouco e Descartes fez todo o possível para esconder seu racionalismo das autoridades, o que o levou a não publicar algumas obras que com certeza lhe teriam valido pesadas condenações. Ainda hoje, apesar do que dizem certas obras de vulgarização, Deus e a ciência nem sempre fazem uma boa dupla, especialmente quando se trata de bioética, as religiões mostrando-se na maioria das vezes hostis às recaídas "técnicas", sobretudo no plano médico, das biotecnologias – o que testemunha entre tantas outras sua hostilidade radical ao projeto transumanista.

6) Por fim, sexto traço, a temporalidade das religiões é sobretudo a do passado, a da tradição, uma vez que a Mensagem vem de muito longe, da Revelação divina original, e porque o mais importante é preservá-la, conservá-la e transmiti-la intacta às gerações futuras, sem jamais procurar inovar, nem ser a qualquer custo "moderna". Mas é também para o futuro que se voltam as teologias, uma vez que, ao contrário das sabedorias cosmológicas, elas concedem um lugar eminente à noção de esperança, neste caso na esperança de uma outra vida após a morte, nesse sentido elas se opõem de maneira absolutamente radical ao "presentismo" dos Antigos.

O modelo republicano do primeiro humanismo

Com a terceira resposta, a do primeiro humanismo (ou humanismo laico e republicano), inseparável da grande revolução científica galileu-newtoniana, entramos num outro mundo, um universo intelectual que rompe não só com o cosmológico-ético como também com o teológico-ético.

1) A teoria do conhecimento não passa evidentemente mais pela fé, muito menos por essa visão ou contemplação do mundo que a *theôria* grega inventou. Com Kant, o filósofo mais representativo do Iluminismo e o maior admirador de Newton, assistimos a uma definição inédita do conhecimento. Pela primeira vez na história do pensamento, ele é considerado não como uma "visão do espírito", mas como uma *práxis*, como um trabalho intelectual. Essa revolução copernicana vai se traduzir no plano linguístico, o vocabulário da "ideia" e da "evidência" dando pouco a pouco lugar ao do conceito, uma passagem que possui um significado de uma profundidade abissal. Eis a razão: "ideia", do grego *eidos*, vem do verbo grego *oraô*, que quer dizer "ver", como "evidência" vem do verbo latino *video*, que também quer dizer "ver". Ao contrário, a palavra "conceito" saiu do latim *con-cipere*, que quer dizer "colocar junto". Em alemão, a palavra *Begriff*, que traduz o latim *concipere*, vem do verbo *begreifen*, que também significa "colocar junto, pegar junto", isto é, "religar", "sintetizar" no sentido etimológico do termo: literalmente "pôr junto".

Expliquemos o que se esconde por trás dessa ruptura lexical. O modelo do primeiro humanismo, que está mais bem exposto na *Crítica da razão pura* de Kant, defende, ao contrário do modelo grego, uma concepção do conhecimento segundo a qual é ao pensamento humano, em particular à pesquisa científica, que cabe introduzir ordem num universo caótico que não a possui no início. Como dirá Bachelard no rastro de Kant, para o cientista moderno, *"nada está dado, tudo é construído".* Portanto, não há mais *theôria* no sentido grego do termo, não há mais visão ou contemplação possíveis, mas uma prática, a das ciências experimentais, que consiste em religar, em colocar junto (*concipere, begreifen*) os eventos a fim de elaborar leis científicas. Por exemplo, o cientista vai explicar o mundo *religando ativamente* causas e efeitos graças a um princípio racional, o princípio de razão ou de causalidade. E esse tipo de ligação vale para as ciências da natureza bem como para as ciências históricas que, por sua vez, tentam explicar de maneira causal os eventos, por exemplo encontrar as causas de uma guerra, de uma crise econômica, de uma catástrofe humanitária etc. O conhecimento não é mais uma simples visão de mundo, mas uma prática ligando fenômenos que se expressará da melhor maneira possível no método experimental.

Para dar um exemplo concreto, atestado na história das ciências, dessa atividade intelectual guiada pelo princípio de causalidade, podemos pensar na maneira como Claude Bernard descobre a função glicogênica do fígado. Ele se interroga sobre a proveniência do açúcar no sangue dos coelhos. Procede então, como todo cientista "moderno", não por uma visão ou contemplação do organismo desses animais, mas procurando a ligação correta entre o efeito que ele constata (a presença do açúcar) e a causa que ele busca "isolar" (de onde vem essa glicose?). Ele procede então "isolando" diferentes variáveis causais capazes de explicar esse efeito. Pergunta-se primeiro se esse açúcar não viria dos alimentos (primeira causa possível), por exemplo das cenouras ingeridas pelo coelho. A menos, segunda hipótese, que ele venha de um órgão interno do coelho (segunda variável, segunda causa possível). Como escolher entre essas duas explicações? O cientista isola as duas variáveis – a hipótese das cenouras de um lado, a hipótese interna ou orgânica do outro. Ele coloca numa gaiola coelhos aos quais não dá qualquer alimento açucarado. Numa outra gaiola, ele coloca coelhos aos quais ele dá alimentos extremamente açucarados. Em seguida, coletando o sangue de todos os coelhos, ele perceberá que as taxas de açúcar é a mesma, quer os coelhos estejam ou não na dieta. Por isso a escolha da segunda hipótese: o açúcar viria do próprio coelho. Foi assim que Claude Bernard descobriu finalmente a função glicogênica do fígado.

O cientista *religou* assim fenômenos entre eles graças ao que Kant chama de "esquema" da causalidade, isto é, sua utilização no tempo sob forma de prática concreta, de método experimental. Ao introduzir a ligação entre eventos graças a um conectivo lógico (a categoria da causalidade), o cientista vai além da simples observação, ele produz inteligibilidade pela sua prática, pelo seu trabalho intelectual. Não é mais simplesmente uma questão de "ver" o mundo, de buscar evidências como ainda pensa Descartes ao contemplá-lo na *theôria*, e sim de produzir ativamente sua inteligibilidade com a ajuda de conectivos lógicos que estão situados *a priori* em nosso espírito (o que Kant chama de "categorias do entendimento"). Elas são de algum modo para a ciência o que as regras de um jogo como o xadrez são para as partidas realmente jogadas. A ruptura com o mundo antigo está, pois, aqui consumada[51]. O mundo não é mais um ninho aconchegante, nem uma casa calorosa. Simples reservatório de objetos formados de matéria bruta, inanimada e inorganizada, a natureza não tem mais qualquer significado particular, nada mais de respeitável em si, está dessacralizada, desdivinizada. É o que Max Weber chamará o "desencanta-

---

51. Como escreve Alexandre Koyré num importante livro dedicado a essa ruptura radical, *Du monde clos à l'univers infini* (PUF, 1962) [Do mundo fechado ao universo infinito. Barueri: Forense Universitária, 2006], uma obra que descreve a revolução científica dos séculos XVII e XVIII, essa revolução engendra simplesmente *"a destruição da ideia de cosmos [...], a destruição do mundo concebido como um todo finito e bem-ordenado, no qual a estrutura espacial encarnava uma hierarquia dos valores e de perfeição. [...] Ela o substituiu por um universo indefinido, e mesmo infinito, não comportando mais nenhuma hierarquia natural e unido apenas pela identidade das leis que o regem em todas suas partes, bem como pela de seus componentes últimos, todos colocados no mesmo nível ontológico. [...] Tudo isso, agora, está esquecido, mas os espíritos da época ficaram literalmente transtornados com o surgimento dessa nova visão de mundo".*

mento do mundo". Portanto, ela também não é mais um modelo moral e político com o qual se afinar, um guia para a vida dos seres humanos. A ideia segundo a qual a vida boa residiria numa afinação com ela, com o cosmos, volatizou-se, de modo que é o coração mais íntimo das representações antigas, o sentido mais profundo que elas permitiam dar à existência humana que desaba de uma só vez com a emergência da ciência moderna.

2) A ética humanista, quer seja utilitarista (mais anglo-saxã e liberal) ou republicana (mais francesa e alemã, estatista e kantiana), vai então colocar um fim no cosmológico-ético-político, mas também no teológico--ético-político, a ciência e o espírito crítico mostrando-se muitas vezes hostis aos dogmas religiosos, sobretudo por estes serem afirmados como indiscutíveis, por vezes sob pena de morte, na Idade Média. Essa ruptura estará na origem intelectual dos regimes fundados no humanismo jurídico, nos direitos humanos: não são mais nem o cosmos nem textos sagrados que dão o *tom*, mas sim o ser humano como tal, com sua razão e sua vontade que se expressam no seio de um parlamento profano, nova fonte da lei. Assistimos então ao nascimento das grandes morais laicas: o utilitarismo anglo-saxão, mas também o republicanismo cuja moral kantiana fornece o modelo mais elaborado, das visões morais de mundo que não se fundam mais nem numa cosmologia, nem numa teologia. O fim do cosmológico-ético ligado à ideia de uma hierarquia natural dos seres assinala então o do mundo

aristocrático e o nascimento do universo democrático da igual dignidade dos seres humanos, um universo humanista que tornará pouco a pouco impossível a persistência de práticas como a da escravidão. É evidente que existem ainda hierarquias naturais em termos de talento, porém não mais *a priori* em termos de dignidade, apenas o mérito ligado à ideia de liberdade (ao trabalho, ao esforço e ao mérito), e não de natureza (os talentos, os dons naturais), que permite em princípio hierarquizar os seres no campo moral e político. Como mencionei mais acima, e como Tocqueville já havia compreendido, a Revolução Francesa foi nesse sentido o lugar de uma dupla secularização do cristianismo: a Declaração dos direitos humanos secularizou o universalismo católico (uma palavra que vem do grego *kata holon,* "para todos"); quanto à igualdade das criaturas perante Deus, ela a transcreveu em igualdade dos cidadãos perante a lei: a noite de 4 de agosto de 1789 representa o fim dos privilégios.

3) Agora compreendemos por quais razões de fundo a salvação não pode mais se situar em outro lugar que na harmonização de si com a humanidade, e mesmo na capacidade de trazer uma contribuição ao progresso humano. É evidente que podemos continuar crentes, mas doravante é somente a título privado que a fé pode e deve se expressar. Essa primeira idade do humanismo, científico e republicano, permanece ainda assim prisioneira de uma visão de mundo estreita, ligada à ideia nacional: de um lado, porque apesar de sua pretensão à universa-

lidade, os direitos humanos permanecem sobretudo direitos do cidadão de uma nação particular, mas também porque a ideia de que a particularidade do homem reside em sua liberdade, em sua capacidade de se descolar da natureza para entrar na história, faz com que o ocidental olhe as sociedades tradicionais, orientadas para a conservação do passado, e por isso praticamente "sem história", como sociedades atrasadas, primitivas, subdesenvolvidas, o que a seu ver justifica a colonização, e mesmo o racismo colonial. Voltaremos a isso, pois sobre esses dois pontos fundamentais, a segunda idade do humanismo (o espiritualismo laico) que defendo aqui claramente se distanciará da primeira.

4) Quanto à arte, o cosmológico- e o teológico-estéticos dão lugar a uma estética nova, também radicalmente humanista, uma estética cuja primeira face desabrocha de maneira admirável na pintura holandesa do século XVII, uma forma artística inédita que não representa mais os esplendores do cosmos ou do divino, da mitologia ou da Bíblia, mas os do humano como tal em suas atividades cotidianas mais profanas: pinturas de gênero nos cabarés, festas de vilarejo, retratos de anônimos, interiores de casas burguesas onde crianças brincam numa cozinha...

5) A pesquisa científica torna-se adulta, pois está enfim livre de toda tutela teológica, o que lhe permite se assumir como objetiva, axiologicamente neutra. Como não está submetida nem ao cosmos, nem a um deus que

deveria passar pelo intermédio de seus clérigos verdades indiscutíveis, recusando os argumentos de autoridade em nome do direito ao espírito crítico, a revolução científica do século XVIII pôde enfim abrir o espaço de uma primeira idade do que mais tarde será chamado de "globalização": quer seja a teoria da gravitação universal ou do heliocentrismo, as verdades que ela revela vão com efeito atravessar as classes sociais e as fronteiras a fim de valer para o mundo todo, para toda a humanidade. Sob esse ponto de vista, a ciência moderna aparece como o primeiro discurso literalmente "global", pois apesar de sua pretensão à universalidade, o catolicismo permanece uma religião local visto da China ou da Índia.

6) Quanto à relação com o tempo, ela se caracteriza doravante por uma ruptura radical com as sociedades tradicionais organizadas em torno da temporalidade do passado, da tradição e dos costumes. Claro que é preciso conhecer a história, mas sobretudo para "fazer tábula rasa do passado" quando se é revolucionário, e quando se é "apenas" reformista, é preciso, ao invés de eliminá-lo, pelo menos melhorá-lo, transformá-lo constantemente. Com a ideia de progresso como bandeira, é um futurismo que prevalece sobre todas as outras dimensões do tempo, uma sacralização do futuro supostamente melhor, e mesmo radiante, uma convicção que o reformismo e *a fortiori* a ideia revolucionária vão ilustrar com maior ou menor felicidade (e infelicidade...) ao longo dos séculos XIX e XX.

O modelo da desconstrução

As grandes filosofias da suspeita vão abrir uma nova etapa na história das concepções da vida feliz, da vida boa para os mortais, uma visão de mundo nova que também vai se repercutir nas seis esferas que mencionamos para as precedentes.

1) Seja em Marx, Nietzsche ou Freud, e mesmo já em Schopenhauer e mais tarde em Heidegger, a teoria do conhecimento toma a forma de uma genealogia[52], de uma desconstrução do mundo das aparências em nome do desvelamento dos além-mundos. De todo modo, trata-se de desconstruir o visível em nome do invisível, o manifesto em nome do latente, o consciente em nome do inconsciente, as ideologias alienantes em nome das infraes-

---

52. É no parágrafo 289 de *Par-delà le bien et le mal* (1886) [Além do bem e do mal. Petrópolis: Vozes, 2014], passagem crucial de sua obra, que Nietzsche traça o retrato do filósofo autêntico, ao mesmo tempo genealogista e solitário, um gênio que, por não se deixar enganar pelas ilusões, é por definição solitário, necessariamente à frente de seu tempo, à margem de sua época: *"O solitário duvida até mesmo de que um filósofo possa ter opiniões verdadeiras e definitivas. Pergunta-se se não há necessariamente nele, atrás de cada caverna, outra ainda mais profunda. E embaixo de cada superfície, um mundo subterrâneo mais vasto, mais estranho e mais rico. E sob todas as profundezas, sob todas as fundações, um subsolo ainda mais profundo. Toda filosofia é uma fachada. Tal é o julgamento do solitário. Toda filosofia dissimula outra filosofia. Toda opinião é um esconderijo. Toda palavra pode ser uma máscara".* O filósofo autêntico é, portanto, um marginal, uma vez que pratica a genealogia, que desvela os além-mundos, os interesses ocultos, inconfessados e muitas vezes inconfessáveis, que se escondem atrás dos "ídolos", os valores pretensamente superiores e as convicções na aparência as mais puras e sublimes. Nesse sentido essa visão de mundo anuncia o vanguardismo do século XX.

truturas subterrâneas que as subentendem. A lógica genealógica da desconstrução das ilusões da metafísica e da religião conduz assim ao famoso "crepúsculo dos ídolos" de que nos fala Nietzsche, a essa erosão, em nome de um materialismo radical, das transcendências passadas que caracteriza a filosofia contemporânea, sendo que, para mim, Nietzsche pode ser considerado como seu pensador mais profundo e mais radical.

2) A desconstrução engendra naturalmente uma ética que tem por finalidade principal a luta contra todas as formas de alienação. Foi o que eu chamei, aliás, de "ética da autenticidade", uma visão moral do mundo orientada em torno daquilo que Foucault, como bom discípulo de Nietzsche, chamará, como já dissemos, de "cuidado de si". Bem antes de Heidegger, Nietzsche explica numa passagem célebre de sua obra que é preciso "filosofar com o martelo" a fim de "desconstruir" as ilusões da filosofia clássica e da religião. Nesse ponto, aliás, Heidegger, apesar de tudo o que o opõe a Nietzsche, seguirá os passos dele, seu projeto tomando inteiramente a aparência daquilo que ele próprio chama de "desconstrução da metafísica" (*Abbau der Metaphysik*). Seu principal discípulo, Jacques Derrida, que se tornará nos Estados Unidos o papa do feminismo diferencialista e do politicamente correto, o ancestral do "wokismo" atual, popularizará o tema nas universidades americanas. Nestas ele explicará como é preciso "descontruir" o que ele chama de "falologocentrismo". Destrinchemos o jargão derridiano: desconstruir

o "falo" é sobretudo enfrentar a dominação do "macho branco heterossexual" sobre as mulheres, os homossexuais e os "racializados", nesse sentido a desconstrução vai se tornar o *flagship* do feminismo radical, dos LGBT tanto quanto das ideologias decoloniais; desconstruir o *"logos"* é enfrentar a face que lhe foi dada pelo capitalismo e pelo mundo da técnica na economia moderna, ou seja, o da rentabilidade a qualquer preço associada a um projeto total, se não totalitário, de dominação tanto do mundo humano quanto do natural; em relação à "centralidade", trata-se claro da pretensão do Ocidente, masculino, branco e capitalista, de colonizar o resto do mundo. Nesse sentido a "desconstrução do falologocentrismo" contém em resumo todos os ingredientes do "wokismo" e da *"cancel culture"* que encontramos hoje nos fundamentalistas verdes, "antifas", Extinction Rebellion, indigenistas e islamo-esquerdistas: anticapitalismo radical, ecologia decolonial, ecofeminismo, denúncia do universalismo como *colorblind* ("cego às cores") e da ideia republicana como uma nova face do racismo colonial, em suma, o núcleo mais profundo da interseccionalidade (ou "convergência das lutas").

3) Essa nova ética centrada em torno das noções antirrepublicanas de discriminação positiva e de direito à diferença prepara uma doutrina da salvação ligada ao projeto último de uma harmonização de si mesmo consigo mesmo, um novo ideal que deveria nos conduzir a uma felicidade duradoura, a uma "eternidade de alegria"

como diz Espinosa, que se torna assim uma das referências mais importantes dos desconstrutores, quer seja no próprio Nietzsche, ou em alguns de seus grandes discípulos como Gilles Deleuze ou Clément Rosset, que associam em suas obras espinosismo e nietzscheanismo – o que explica por que a ética e a doutrina da salvação se alimentam de tão bom grado das sabedorias antigas.

4) No campo da estética, a desconstrução da tonalidade e da perspectiva dá origem às vanguardas, à arte moderna, depois contemporânea. Não por acaso Apollinaire, em seu livro consagrado aos pintores cubistas, já faz de Nietzsche a figura tutelar do modernismo: *"A arte dos novos pintores, escreve ele, toma o universo infinito como ideal e é a esse ideal que devemos uma nova medida da perfeição que permite ao artista pintor dar ao objeto as proporções conformes ao grau de plasticidade ao qual ele deseja levá-lo. Nietzsche havia adivinhado a possibilidade de tal arte. Ele fizera, pela boca de Dioniso, a crítica sistemática da arte grega".* A arte grega que, segundo Apollinaire, é criticada por Nietzsche em nome do dionisíaco, é evidentemente a arte apolínea, uma arte "clássica" da consciência clara, da identidade, da ordem e do visível, em suma, da figuração, o dionisíaco simbolizando ao contrário o caos, a fratura, o inconsciente, a diferença e a embriaguez, enfim, tudo o que a desconstrução das transcendências e da harmonia pretende doravante liberar. Daí a crítica da tonalidade na música e da representação figurativa na pintura. Em *Le Gai Savoir* [A Gaia ciência.

São Paulo: Companhia de Bolso, 2012], Nietzsche definia assim esse "novo infinito" ao qual Apollinaire se refere da seguinte forma: *"O espírito do homem só consegue se ver segundo sua própria perspectiva e só pode ver segundo ela. Não podemos ver senão com nossos olhos. Espero, contudo, que estejamos hoje longe da ridícula pretensão de decretar que é somente do nosso cantinho que temos o direito de ter uma perspectiva. Pelo contrário, o mundo, para nós, voltou a ser infinito, uma vez que não podemos recusar-lhe a possibilidade de prestar a uma infinidade de interpretações. Recuperamos o grande frisson".* O sentido da "descoberta" nietzscheana é claro: trata-se de libertar o pensamento das ilusões inerentes ao ponto de vista único, à ideia de que existiria uma verdade absoluta, uma ordem harmoniosa a ser imitada na arte. O perspectivismo, a multiplicidade infinita dos pontos de vista, não poderia, como nas definições clássicas da beleza em termos de harmonia, ser reduzido à identidade de um ponto de vista unificador e sistemático. O "perspectivismo" de Nietzsche marca assim o fim da perspectiva clássica, como podemos ver nas telas dos cubistas onde os pontos de vista diferentes se sobrepõem na fratura dos objetos e dos rostos.

No entanto, não se trata, nem na filosofia nem na arte, de abandonar o projeto de alcançar a verdade, mas trata-se agora de outra verdade que a da metafísica clássica e idealista. Claro está que o real doravante é pensado, não como harmonia e consciência clara, mas como diferença, fratura, inconsciente, multiplicidade radical das forças e dos pontos de vista irredutíveis ao "sistema" da figuração ou da tonalidade. O fato é que não se trata de renunciar a apreendê-lo na arte, e Nietzsche, numa fórmula que anuncia o cubismo com sua maneira de representar os objetos e os rostos de diferentes pontos de vista que nenhum ponto de fuga não pretende doravante unificar, nos exorta a ver o mundo *"com o maior número de olhos possível"*. Pela aproximação que ele faz entre as vanguardas e a filosofia de Nietzsche, Apollinaire sugere que o projeto dos "novos pintores" é indissociável de uma certa concepção da subjetividade do ser humano. Acabou a era dos cogitos cartesianos, dos "eu penso" fechados em si mesmos sob o primado de uma falsa transparência. Como Schönberg escreveu numa carta a Kandinsky: *"Qualquer pesquisa que tende a produzir um efeito tradicional está mais ou menos marcada pela intervenção da consciência. Mas a arte pertence ao inconsciente"*. É esse pensamento do inconsciente que deve doravante ser comparado à emergência de uma nova representação do real na arte, um real fraturado, caótico e, nesse sentido, mais verdadeiro do que o real embelezado por séculos de metafísica e de religião.

5) No rastro de Schopenhauer e da crítica nietzscheana da "vontade de verdade", a genealogia também se aplica, em nome de um relativismo absoluto, à pesquisa científica bem como a todas as formas de racionalismo. A única verdade que emerge da desconstrução é um "perspectivismo" radical segundo o qual não há, como

diz mais uma vez Nietzsche, *"fatos, mas apenas interpretações".* E ele acrescenta, a fim de acabar de uma vez por todas com a ideia clássica de verdade como "adequação entre o intelecto e o real", que *"todo juízo é apenas um sintoma",* uma máscara que oculta além-mundos, o que vale para os juízos morais assim como para as leis científicas. Como dirá Lacan no rastro de Nietzsche, para os desconstrutores e os genealogistas, *"não há metalinguagem",* não há transcendência, nem da verdade, nem dos valores em relação à imanência radical a si, isto é, a seu inconsciente.

6) Nessas condições, a relação com a temporalidade toma a forma de um retorno ao presentismo dos Antigos, de uma sacralização do presente, como bem indica a doutrina nietzscheana do *amor fati* e da *inocência do vir a ser* que já mencionamos, uma doutrina que Pierre Hadot bem demonstrou em seu livro sobre Marco Aurélio (*La Citadelle intérieur* [A cidadela interior], 1992) o quanto ela estava em sintonia com certos aspectos das sabedorias antigas, em particular do pensamento estoico e, eu acrescentaria, do budismo.

O espiritualismo laico

Com essa reflexão sistemática sobre os seis elementos fundamentais constitutivos das grandes visões de mundo que marcaram o compasso da história do pensamento – uma história que tentei resumir aqui tendo a clara consciência de que ela mereceria toda uma biblioteca –, agora podemos expor a maneira como elas se articulam na quinta, no espiritualismo laico que caracteriza a segunda idade do humanismo, o que nos levará então à compreensão das razões pelas quais trabalhar pelo alongamento da vida poderia ter algum sentido.

Quando estudante, nos anos de 1970, eu descobria, graças às aulas geniais (e não estou sendo leviano) de Jacques Rivelaygue[53] e de Alexis Philonenko, ao mesmo tempo a obra de Heidegger e a *Crítica da faculdade de julgar* de Kant, eu havia concebido o projeto de fundar o que então chamava de um "humanismo não metafísico", uma crítica da metafísica que não tentasse conduzir, como as de Nietzsche e de Heidegger, a um irracionalismo ou a um imoralismo[54], e mesmo ao politicamente correto que mencionei mais acima em relação à onda do "wokismo" que já víamos despontar nas universidades americanas

---

53. Publiquei suas aulas pela Editora Grasset. O título, talvez pouco atraente (*Leçons de métaphysique allemande* [Lições de metafísica alemã]), não deve, contudo, desanimar o leitor: não existe para mim equivalente algum nem no plano pedagógico nem no filosófico.

54. É a ideia que eu desenvolvia desde a fundação do Collège de Philosophie, uma ideia que já expunha numa entrevista concedida à revista *Esprit* em abril de 1982. Nela indicava a necessidade de reencontrar um uso legítimo da razão depois da desconstrução de seus usos metafísicos ilusórios e ilegítimos.

sob a influência do Pensamento 68*. Tratava-se para mim de fazer evoluir os valores republicanos do humanismo do Iluminismo, seu racionalismo crítico no plano teórico, bem como, nos planos moral e político, seu ideal de liberdade, de perfectibilidade e de autonomia. Em suma, essencialmente, eu me reconhecia no projeto de uma reformulação dos valores da primeira idade do humanismo desde que, no entanto, a ele se integrasse o que a desconstrução das ilusões da metafísica conseguira, apesar de seus velhos hábitos muitas vezes desastrosos, trazer de justo e de profundo. Parecia-me evidente ser preciso levá-los em conta, em particular na desconstrução do racionalismo dogmático de Espinosa, de Hegel e de Marx.

À época, e até o início dos anos de 1990, meu projeto situava-se sobretudo nos planos do conhecimento e da ética, pois a questão da espiritualidade (da vida boa, da salvação, da sabedoria ou do sentido da vida) ainda não era algo importante para mim. Ela me parecia (erradamente, e hoje o compreendo) pertencer essencialmente ao campo do religioso, e a noção de espiritualidade laica não me era ainda digna de interesse. O debate que tive

---

* Toda uma corrente de pensamento surgida no rastro dos eventos ocorridos em Maio de 1968. Luc Ferry e Alain Renaut publicaram em 1985 pela Gallimard o ensaio *La Pensée 68: Essai sur l'anti-humanisme contemporain* [O pensamento 68: ensaio sobre o anti-humanismo contemporâneo. São Paulo: Ensaio, 1989], em que se dedicam a estabelecer uma história do anti-humanismo cujas raízes os autores remontam a Marx, Nietzsche, Freud e Heidegger [N.T.].

um pouco mais tarde com André Comte-Sponville, um debate publicado em *La Sagesse des Modernes* (1998) [A sabedoria dos modernos. São Paulo: Martins Fontes, 2008], depois com Marcel Gauchet, num livro intitulado de maneira significativa *Le Religieux après la religion* (2004) [Depois da religião. Rio de Janeiro: Record, 2009], testemunha minha tomada de consciência dessa lacuna. Comecei então a desenvolver a ideia de um espiritualismo laico, de uma transcendência não religiosa e da possibilidade de uma relação não dogmática com o Absoluto e com o sagrado, sem conseguir, no entanto, convencer meu camarada Gauchet, que olhava minhas teses com aquela sua ironia cética tão característica. A ideia que eu começava a desenvolver, e que ainda me é muito cara, principalmente a partir de certos aspectos da *Crítica da faculdade de julgar*, é que existe um uso legítimo possível (o que Kant chamava de "uso regulador" guiando o "juízo reflexionante") das ideias da metafísica após sua desconstrução. Que o leitor não conhecedor de Kant não se assuste, trata-se aqui de uma análise que qualquer um pode compreender, mesmo sem ter feito a leitura, realmente árdua, das três *Críticas*. E como vou então mostrar, ela tem prolongamentos altamente significativos nos seis setores do espiritualismo laico, cuja descoberta da estrutura sistêmica lhe proponho agora.

1) Teoria: autorreflexão e crítica da metafísica dogmática

Eis uma primeira ilustração tão simples quanto essencial: embora a ideia cartesiana do cogito, do sujeito autônomo, autor de seus pensamentos e de seus atos, totalmente transparente a si mesmo e desprovido de qualquer espécie de inconsciente, seja ilusória, como mostram depois de Kant os grandes desconstrutores, de Schopenhauer a Freud passando por Nietzsche e Heidegger, ainda assim o ideal da autonomia de um sujeito que recupera tanto quanto possível o que lhe escapa e o determina à revelia, permanece um "ideal regulador" indispensável em nossas vidas. Por exemplo, assim como havia compreendido Karl-Otto Appel, herdeiro de Kant, ele está onipresente em todas nossas argumentações, visto que é rigorosamente impossível argumentar num diálogo qualquer sem se considerar implicitamente como o autor de seus argumentos e de suas convicções. Ainda não encontrei num debate alguém, nem mesmo um psicanalista, que me declarasse não ser verdadeiramente ele que me falava, mas seu inconsciente que ditava os argumentos à sua revelia, ou mesmo seus pais, sua família e sua história que se expressavam através dele sem que ele assuma suas convicções teóricas, morais ou políticas. No mais, sem esse ideal de autonomia que nos leva a nos considerar como os autores de nossas falas e de nossos atos, ninguém jamais começaria a fazer o trabalho sobre si recomendado pela psicanálise, e mais geralmente pelas ciências humanas contemporâneas, um trabalho que visa perceber o que em nosso passado, em nosso inconsciente histórico, social, familiar ou pessoal, nos determina, nos priva de liberdade e nos torna assim mais ou menos cegos a nós mesmos, e mesmo patologicamente danificados.

Isso também é válido para o ideal metafísico da onisciência divina (do conhecimento do terceiro gênero de Espinosa, do saber absoluto de Hegel ou da ciência da história de Marx): embora se trate evidentemente de ilusões metafísicas literalmente delirantes, situadas fora de qualquer experiência humana possível, o fato é que, sem essa ideia de "ciência acabada" compreendida como um ideal regulador, é difícil ver porque a pesquisa científica poderia até mesmo começar a avançar[55]. Claro que o cientista autêntico não pensa mais, como Espinosa, Hegel ou Marx, que é possível se colocar do ponto de vista da onisciência e do fim da história para pensar o mundo, a política ou a ética. Ao contrário do pretenso sábio espinosista, os pesquisadores não se tomam por Deus, ainda assim cada progresso científico funciona como um símbolo, uma aproximação assintótica desse saber absoluto que seria o de um Ser supremo onisciente, ou melhor dizendo, como um início de realização parcial dessa ideia reguladora (o que Kant chamava de uma "apresentação simbólica" – *symbolische Darstellung* – de uma ideia metafísica desconstruída, a de onisciência ou de entendimento divino.

---

55. Como mostra Kant, no *Appendice à la dialectique transcendantale* [Apêndice à dialética transcendental], sobre o papel regulador das ideias da razão, mas também em sua introdução à *Critique de la faculté de juger* [Crítica da faculdade de julgar. Petrópolis: Vozes, 2016].

Daí o fato de eu jamais ter conseguido ser heideggeriano, e isso não somente pelas razões políticas evidentes ligadas a seu engajamento no nazismo, mas porque, apesar de toda minha admiração pela potência de seu trabalho de desconstrução da metafísica, logo me pareceu, desde o início dos anos de 1970, que os heideggerianos eram incapazes de pensar o estatuto da metafísica, da razão e da ética, *após sua desconstrução*, de compreender que os ideais de liberdade, de transparência consigo, de autonomia do sujeito, e mesmo de saber absoluto ou de ciência acabada, podiam e deviam conservar um sentido (se não uma verdade) como ideias reguladoras para o trabalho de compreensão de si bem como de explicação do mundo.

Contudo, é realmente a partir da desconstrução kantiana, depois heideggeriana, do racionalismo dogmático de Espinosa, Hegel e Marx, que a diferença abissal que a meu ver separava o racionalismo crítico do racionalismo dogmático me parecia impossível de ocultar. Por isso minha rejeição, não apenas do espinosismo, mas também do materialismo histórico de Marx, uma rejeição que, também aqui, não se enraizava somente na constatação dos efeitos totalitários do marxismo, mas sobretudo na constatação de que essas filosofias materialistas da imanência radical repousavam de um lado ao outro numa estrutura metafísica dogmática e afinal de contas delirante (em Espinosa e Hegel, a ilusão do saber absoluto; em Marx, o ideal totalitário de uma sociedade de transparência perfeita, sem contradição alguma, a ciência da história enfim concluída sob a égide de uma ditadura do proletariado conduzida por sua vez por uma "guia genial" etc.). Daí também os dois traços fundamentais que a meu ver vão caracterizar esse racionalismo crítico em relação ao racionalismo dogmático: a autorreflexão (o pensamento do pensamento) e, no plano espiritual, tratando-se da relação com o sagrado, isto é, com o sacrifício e sacrilégio, uma nova face, não metafísica, não dogmática e não ilusória, da transcendência.

O ponto é tão fundamental para compreender a espiritualidade nova que dela é inseparável que peço ao leitor parar um pouco a fim de compreender o que se segue.

A autorreflexão contra o cientismo do primeiro humanismo

Na minha perspectiva atual, a teoria do conhecimento, sem renunciar no entanto à contribuição do racionalismo do Iluminismo, a ele acrescenta a noção de autorreflexão que Kant era na época o primeiro e o único a entrever, uma noção que vai se desenvolver no rastro de sua filosofia para acabar caracterizando o que Horkheimer e Adorno designaram como "teoria crítica", uma visão do conhecimento que caracteriza as ciências históricas (as ciências ditas "humanas"), disciplinas cujo aparecimento observaremos que é de maneira significativa cronologicamente posterior ao das ciências naturais, portanto à revolução científica do Iluminismo e do primeiro humanismo. Neste último, com efeito, excetuando-se Kant e a filosofia crítica sobre a qual Adorno dirá com razão que ela já é antecipadamente "pós-hegeliana" e "pós-metafísica", o conhecimento é no mais das vezes caracterizado por uma ausência total de autorreflexão, por uma concepção não científica, mas cientista, ainda autoritária e dogmática, do trabalho intelectual.

Seguro de si e dominador em relação ao seu principal objeto, a natureza, o cientismo pretende ingenuamente, sem qualquer espírito de autocrítica, rimar com emancipação e felicidade dos seres humanos. Promete-lhes libertá-los da superstição, do obscurantismo religioso dos séculos passados, conduzi-los ao progresso e à felicidade assegurando-lhes num mesmo movimento os meios de se tornar, segundo a famosa fórmula cartesiana, "como senhores e possuidores" de uma natureza utilizável e explorável a seu bel-prazer. Nem autocrítica, portanto, nem preocupação ecológica, a natureza estando ali somente para as finalidades dos humanos, apenas para ser dominada sem limites nem escrúpulos. Dando um único exemplo entre tantos outros, penso no elogio da vivissecção ao qual se entrega Claude Bernard em sua famosa *Introduction à l'étude de la médecine expérimentale* [Introdução ao estudo da medicina experimental] (1865), um elogio escorado na ideia típica do primeiro humanismo segundo a qual a ciência autoriza e justifica tudo, ou quase, a oposição entre as "pessoas comuns", que não entendiam nada do assunto, e os cientistas puros e duros sendo significativa desse cientismo dogmático cuja prova é a argumentação de Claude Bernard:

"*É preciso necessariamente,* ele afirma, *depois de ter dissecado o morto, dissecar o vivo, a exemplo de Galeno que praticou experiências admiráveis e úteis que consistem em ferir, destruir ou remover uma parte para julgar seu uso pela perturbação que sua subtração produz. [...] Temos o direito de fazer experiências e vivissecções em animais? Quanto a mim, penso que temos esse direito de maneira absoluta e total. [...] Deveríamos nos comover com os gritos de sensibilidade que as pessoas comuns lançaram ou com as objeções feitas pelas pessoas estranhas às ideias científicas? Compreendo perfeitamente que pessoas comuns motivadas por ideias bem diferentes daquelas que animam o fisiologista julgam a vivissecção de uma forma bem diferente da dele. Dissemos em alguma parte desta introdução que é a ideia que dá aos fatos seu valor e seu significado. Fatos idênticos materialmente podem ter um significado moral oposto de acordo com as ideias às quais se vinculam. O covarde assassino, o herói e o guerreiro mergulham igualmente o punhal no peito de seu semelhante. O que os distingue a não ser a ideia que lhes dirige o braço? A diferença das ideias explica tudo. O fisiologista não é uma pessoa comum, é um cientista, é um homem tomado por uma ideia que ele persegue. Ele não ouve os gritos dos animais, não vê o sangue que escorre, vê apenas sua ideia e percebe apenas os órgãos. [...] Pelo exposto, consideramos as discussões sobre vivissecção inúteis ou absurdas*".

A natureza, inclusive vivente e animal, não tem aqui direito algum, tem somente um estoque de objetos sem valor nem significado, de modo que o cientista não tem simplesmente dever algum para com ela. A sacralização da ciência passa assim ao primeiro plano nessa herança intelectual do cartesianismo que recusa refletir sobre ela mesma, praticar o espírito de autocrítica quando se trata de seu próprio objeto. O cientista não deve se interessar senão pelo progresso e o que ele custa, nunca pelos seus desafios éticos, nem pelos interesses políticos ou econômicos que podem guiá-lo, e mesmo distorcê-lo no seio das sociedades nas quais ele se manifesta ao colocá-lo a serviço de fins que também, dado o caso, não têm nada de positivo para a humanidade (a bomba atômica sendo o exemplo clássico da proeza muito mais técnica do que moral).

O final do século XX será o lugar de uma verdadeira revolução em relação ao cientismo do século XIX. A potência desenfreada, incontrolada ou incontrolável, dos usos e dos efeitos da ciência moderna começa a inquietar, a suscitar interrogações. Portanto, as ciências experimentais vão começar a ser o objeto de uma crítica externa, social, mas logo, o que é excelente, elas vão se apropriar dessa crítica para se tornarem autorreflexivas como testemunha a criação dos comitês de ética. Pouco a pouco, as ciências positivas vão assim se emancipar do cientismo dogmático das origens. Se as faces tradicionais da ciência e da democracia republicana estão hoje fragilizadas, isso nem sempre se deve ao "irracionalismo", ao retorno a certas formas de obscurantismo (ainda que, de fato, o fenômeno também exista como vemos ainda hoje em relação à vacinação ou no fundamentalismo verde), mas paradoxalmente por fidelidade ao que o espírito crítico do Iluminismo podia já ter de autorreflexivo, mas que fora posto de lado pelo cientismo, e que reencontra novos direitos. Como observara Horkheimer, um dos fundadores da Escola de Frankfurt, cujas obras por essa razão eu traduzia para o francês nos anos de 1980, as teorias científicas deviam inevitavelmente adotar mais dia menos dia a forma de uma "teoria crítica", uma teoria que devia de algum modo seguir o modelo das ciências históricas a fim de refletir sobre o inconsciente social de um cientismo que se crê tanto mais puro e desinteressado porque tende a ocultar os interesses que o animam[56]. Tal

---

56. Eis o que Max Horkheimer diz sobre esse assunto num breve ensaio que traduzi há muitos anos, *La Théorie critique hier et aujourd'hui* (*Kritische Theorie gestern und heute*), um texto de 1970, no qual Horkheimer, já no fim da vida, narra a história intelectual da Escola de Frankfurt. Ele evoca a lembrança de seu velho amigo Adorno, que acaba de morrer, depois indica as razões pelas quais eles fundaram juntos essa famosa teoria crítica, bem como a maneira como seu pensamento evoluiu ao longo do tempo.
Cito esta passagem muito significativa: *"Como nasceu a teoria crítica? Primeiramente, gostaria que você compreendesse a diferença entre a teoria tradicional e a teoria crítica. O que é a teoria tradicional? O que é teoria no sentido da ciência, da ciência positiva, a física, a matemática? Deixe-me dar uma definição muito simplificada da ciência. A ciência é a ordenação de fatos de nossa consciência de tal forma que ela permite finalmente esperar a cada vez em tal lugar exato de tal espaço e tempo o que deve exatamente ser esperado ali. Isso vale também para as ciências humanas, quando um historiador afirma algo com uma pretensão à cientificidade, deve então ser capaz de encontrar sua confirmação nos arquivos. A exatidão é nesse sentido o objetivo da ciência. Todavia – e é aqui que aparece o primeiro tema da teoria crítica –, a própria ciência não sabe por que ela ordena os fatos*

é para mim o primeiro traço que separa o racionalismo crítico do racionalismo dogmático tão característico do primeiro humanismo.

Daí também a formidável expansão, ao longo do século XX, das ciências históricas que nos prometem, ao dominar cada vez mais nosso passado, um melhor conhecimento de nós mesmos e uma capacidade de assim enfrentar mais livremente o futuro. Elas se enraízam então na convicção de que a história, ao pesar em nossas vidas quando a ignoramos, é por excelência o lugar da heteronomia mais liberticida, dos determinismos mais poderosos. Nessas condições, o ideal regulador do sujeito autônomo, responsável por seus atos e seus pensamentos, a exigência de pensar por si mesmo tanto quanto possível não poderiam prescindir de um desvio pelo conhecimento histórico, nem que fosse para se libertar melhor dos fardos do passado e abordar o tempo presente com menos preconceitos. Nesse sentido, embora sempre ligada à ideia de neutralidade axiológica, a ciência contemporânea reata, mas certamente de um modo diferente, com a ideia antiga de uma vocação ética do conhecimento. As

---

justamente em tal direção, nem por que ela se concentra em certos objetos e não em outros. O que falta à ciência é a reflexão sobre si, a autorreflexão, o conhecimento dos motivos sociais que a empurram numa determinada direção, por exemplo se interessar pela Lua, e não pelo bem-estar dos seres humanos. A ciência carece de autorreflexão, ou seja, não reflete sobre suas finalidades, sobre suas escolhas, sobre as razões pelas quais é animada numa direção e não em outra".

ciências históricas acrescentam assim aos trabalhos puramente teóricos, que visam apenas o conhecimento objetivo, um ideal de emancipação humana apoiado na convicção moral de que a história e o passado pesam tanto mais sobre nossas vidas porque os ignoramos. É evidente que isso não deve influenciar nossa objetividade do trabalho científico, mas a ele soma-se a ideia de que conhecer o passado que nos determina é evitar revivê-lo como retorno do recalcado.

2) Moral e política: a universalização dos direitos humanos e a crítica do racismo colonial

A sacralização dogmática da ideia republicana que hoje conquistou os espíritos, estendendo-se também da extrema-direita à extrema-esquerda passando pelas diferentes faces do centro, nos impede de ver essa verdade desagradável de que existe um vínculo estreito entre o racismo colonial e os fundamentos filosóficos do primeiro humanismo laico e republicano. Que fique bem claro: reconhecê-lo em nada implica que cedamos minimamente à terrível moda do "wokismo", da "*cancel culture*" e do politicamente correto que Derrida e Foucault exportaram para os Estados Unidos antes de nos retornar como um bumerangue, aumentada ainda pela potência do grande satélite americano. Simplesmente, a verdade obriga a confessar que um vínculo essencial existe entre o racismo colonial e a metafísica dogmática do primeiro humanismo, e que esse vínculo não está simplesmente ligado a esse "espírito do tempo" que uma ilusão retrospectiva[57] nos faria desconhecer e esquecer. Trata-se, infelizmente, de um motivo de fundo.

A desconstrução do racismo colonial

A primeira idade do humanismo repousa, com efeito, numa certa ideia do Progresso e da História com H maiúsculo. Ela sustenta que o objetivo da existência humana não é tanto conservar quanto inovar constantemente a fim de contribuir para a evolução geral, contribuir, como se diz, com sua "pedra ao edifício" a exemplo desses

---

57. Era então possível pensar de outra forma? Sim, e a prova disso tem um nome: Clemenceau. Em julho de 1885, ele responde ao discurso do grande Jules: apoiando-se na *"tese de Jules Ferry,* ele declara, *vemos o governo francês exercendo seu direito sobre as raças inferiores indo guerrear contra elas e convertendo-as à força aos benefícios da civilização. Raças superiores! Raças inferiores! É fácil de dizer. Quanto a mim, reduzo singularmente minhas pretensões desde que vi cientistas alemães demonstrar cientificamente [...] que o francês é uma raça inferior à alemã! [...] Olhem a história da conquista desses povos que vocês chamam de bárbaros e verão a violência, todos os crimes desenfreados, a opressão, o sangue correndo, o fraco oprimido, tiranizado pelo vencedor! Eis a história de sua civilização! Quantos crimes atrozes, terríveis, foram cometidos em nome da justiça e da civilização. Sem mencionar os vícios que o europeu carrega com ele: o álcool, o ópio que ele espalha, que impõe se lhe agradar. E é esse sistema que vocês tentam justificar na França, na pátria dos direitos humanos?! Não compreendo o fato de não termos nos levantado de imediato para protestar violentamente contra suas palavras! Não, não há direito das nações ditas superiores contra as nações inferiores [...]"* (30 de julho de 1885). Anticolonialista e um defensor de primeira hora da inocência de Dreyfus, Clemenceau anuncia a vinda de outro republicanismo, um republicanismo antirracista e anticolonialista que acabará, mas só depois da Segunda Guerra Mundial, por prevalecer sobre o de Ferry. A atmosfera reinante era ainda a do racismo colonial, a do racismo, ponto-final, e o primeiro humanismo, inteiramente orientado para a glória nacional e para as políticas de potência, acomodava-se muito bem a elas.

"eruditos e construtores" que a escola de minha infância elogiava diariamente. Ora, em contraste, o africano ou o tonquinês de Jules Ferry parecem nunca ter entrado na história. A tribo "primitiva", como também se dizia em minha infância, parece ignorar a inovação. Para os primeiros colonizadores, que se viam como progressistas, ela se assemelha então muito mais com uma sociedade animal, com uma espécie de formigueiro ou de cupinzeiro humano, do que com uma sociedade civilizada. Além disso, ela ignora a escrita, para eles a marca suprema da "civilização". Com isso vemos que, de fato, o que está em jogo aqui é o próprio coração da primeira ideia republicana. Pois seu princípio mais fundamental reside na ideia de que o ser humano, ao contrário do animal, pode graças à sua liberdade se descolar da natureza. A prova? É o único a possuir uma história. Os animais não têm história alguma, ou tão pouca que isso não lhes dá origem nem à escrita, nem ao relato, nem à cultura, nem à política. Guiados pelo instinto natural, eles sabem fazer quase tudo de imediato, como as tartaruguinhas marinhas que mal saem do ovo correm para o oceano praticamente sem a mínima assistência dos pais – já o filhote humano permanece de bom grado em casa até o fim da adolescência, e mesmo para além dela.

Nessas condições, como poderia o republicano ligado ao espírito do Iluminismo não se sentir inclinado a considerar as sociedades sem história como pouco superiores às que povoam o mundo animal? Se a característica do ser humano é entrar na história para nela construir seu destino, se sua essência mesma o impulsiona a inovar e inventar constantemente, como compreender que os povos primitivos se organizem em torno da preservação dos costumes e do passado, que eles ignorem aparentemente toda política orientada para o futuro e rejeitem aquilo que as nações "civilizadas" consideram então como essencial, a saber, os processos históricos inovadores, as reformas, e mesmo as revoluções? Em suma, se "o africano não entrou na história", como disse um de nossos antigos presidentes, então, com efeito, como não o considerar, mesmo a título provisório, como um ser ainda ligeiramente infra-humano, uma espécie de "sub-homem" ou de "superanimal", segundo se considere as causas de seu "retardo" (de sua não entrada na historicidade) como acidentais ou essenciais?

Para um europeu do século XIX só existem com efeito duas explicações possíveis para o que ele considera como uma incapacidade do "homem tribal" ao progresso. Se é por acidente que o "primitivo" permanece fora da história, então ele o educará no sentido nobre: levará o Iluminismo, as Luzes da civilização. *"Nossos ancestrais os gauleses"*, diz o professor primário republicano ao africano que ele quer conduzir a uma civilização universal, a da França, é claro. Colonização rima aqui com educação, basta citar o nome de Jules Ferry. Mas se o "selvagem" for considerado como "retardado mental" *por natureza*, o que é o próprio racismo, então ele se limitará a educá-lo no sentido agrícola, não como o aluno de uma classe de colégio, mas como se educa o gado para fazer dele seu escravo. O republicano optará mais pela primeira hipótese (embora Jules Ferry e Paul Bert, sempre falando de "raças inferiores" e de "raças superiores" se inclinem tanto quanto para a segunda[58]): ele rejeita então o racismo naturalista e se contenta, ouso dizer, com o racismo colonial, historicista. Resta que, *de fato*, ele não pode deixar de comentar, com uma condescendência um tanto entristecida, que o "selvagem" ainda assim não é absolutamente "como nós", não realmente "civilizado". O infeliz não entrou na história, não é claro a das espécies, em que o africano parece ser o primeiro, mas a da invenção voluntária de um futuro coletivo que passa por inovações constantes e se liberta do respeito imóvel dos costumes tradicionais. Além disso, sem a contribuição educativa do colonizador, assim continua nosso republicano à moda antiga, o "primitivo" não sabe ler nem escrever. Não dispõe, portanto, nem mesmo da possibilidade do relato, isto é, dessa relação histórica com o passado que, para ser autêntico, supõe

---

58. É preciso citar aqui os argumentos proferidos por Jules Ferry na Câmara em julho de 1885: *"Senhores, ele exclama, é preciso falar mais alto e mais sinceramente! É preciso dizer abertamente que, com efeito, as raças superiores têm um direito em relação às raças inferiores. [...] Há para as raças superiores um direito porque há um dever para elas [...], o dever de civilizar as raças inferiores".* Essas declarações ecoam as de Paul Bert, ministro sob Gambetta em 1881, também republicano e cofundador da escola laica. Bert repete sempre sem ser ouvido, apoiando-se em argumentos "científicos", que *"os negros são realmente menos inteligentes do que os chineses, e principalmente do que os brancos"*, de modo que *"a posição do indígena deve ser a de assimilar ou desaparecer"* (sic!).

documentos escritos, livros e arquivos. Aliás ele não tem nem bibliotecas nem escolas. É preciso por consequência humanizá-lo, educá-lo como se educa uma criança, para que ao se alfabetizar minimamente ele possa entrar na historicidade verdadeira, a do "Progresso" à maneira ocidental, uma dimensão de civilização fora da qual não há comunidade humana. Daí, a propósito, as diatribes de Lévi-Strauss, pouco sensatas mas significativas nesse contexto, contra a sacralização da aprendizagem da leitura na escola da III República[59].

---

59. Como nesta passagem de *Tristes tropiques* (1955): *"Depois de ter eliminado todos os critérios possíveis para distinguir a barbárie da civilização, gostaríamos ao menos de manter este: povos com ou sem escrita. No entanto, nada do que sabemos da escrita e de seu papel na evolução justifica tal concepção. Do Egito à China no momento que a escrita surge, ela parece favorecer a exploração dos seres humanos. [...] Olhemos mais perto de nós: a ação sistemática dos estados europeus em favor da instrução obrigatória que se desenvolve ao longo do século XIX foi acompanhada pela extensão do serviço militar e pela proletarização. A luta contra o analfabetismo confunde-se assim com o aumento do controle dos cidadãos por parte do poder. Pois todos devem saber ler e escrever para que este último possa dizer: ninguém pode ignorar a lei! Do plano nacional, a empreitada passou ao plano internacional, graças a esta cumplicidade forjada entre jovens estados, confrontados com problemas que também foram nossos um ou dois séculos atrás, e uma sociedade internacional de ricos preocupada com a ameaça à estabilidade representada pelas reações de povos maltreinados na palavra escrita para pensar em fórmulas que podem ser alteradas à vontade e para constranger aos esforços de edificação. Ao aceder ao saber acumulado nas bibliotecas, esses povos tornam-se vulneráveis às mentiras que os documentos impressos propagam numa proporção ainda maior [...]."* Se Lévi-Strauss ainda estivesse por aí, eu gostaria de poder acalmar suas angústias compartilhando com ele as últimas estatísticas do ministério da Educação nacional sobre o aumento do analfabetismo, o declínio do domínio da língua e, de forma mais geral, a crise da leitura. Sem dúvida, ele ficaria contente em saber que nossos filhos parecem cada vez mais protegidos, para não dizer totalmente vacinados, contra as "mentiras propagadas por documentos escritos"...

Em que medimos ao mesmo tempo o quanto o olhar pós-colonial e, em certos aspectos, pós-nacionalista que vai caracterizar a segunda idade do humanismo ia, no plano moral, dar ao universalismo republicano uma dimensão nova, na verdade uma dimensão enfim realmente universal. O espiritualismo laico do segundo humanismo, aqui tão pós-kantiano[60] quanto pós-nietzscheano, pós-republicano tanto quanto pós-68, não será mais somente um humanismo da ciência e da razão, mas também da solidariedade e mesmo da fraternidade – o que o conduz, por um reconhecimento novo da alteridade, a romper com o imperialismo colonial que caracterizava, apesar de suas pretensões ao universalismo, o primeiro humanismo republicano.

Uma dupla universalização dos direitos humanos, distante do racismo colonial da III República

Claro, o quinto modelo que desenvolvo aqui conserva do primeiro humanismo o ideal de perfectibilidade, de historicidade e de liberdade que a autorreflexão certamente vem corrigir, mas também reforçar. O que lhe permite se engajar no plano moral na via de uma universalização enfim acabada dos direitos humanos. Com efeito, os de 1789 e de 1848 estavam ainda largamente ligados a essa ideia de nação que o humanitarismo moderno não

---

60. As observações de Kant sobre as raças humanas, sobre os "pretos" e os "palestinos", que aparecem nos textos que traduzi para a Editora La Pléiade, infelizmente testemunham seu pertencimento ao primeiro humanismo.

vai certamente rejeitar, mas considerar, no entanto, como uma esfera insuficiente quando se trata de proteger populações civis ameaçadas pela guerra, e mesmo pelo próprio Estado-nação. Com o humanitário, abandonamos com efeito o nacionalismo[61] das primeiras declarações como mostra Henry Dunant em seu livro *Un souvenir de Solferino* [Uma lembrança de Solferino] (1862). Nele vemos um Dunant fascinado por esse fato singular, à época ainda inimaginável, de que os civis engajados na ação caridosa não fazem mais diferença entre as nações beligerantes. Uma vez no chão, fora de combate, tal diferença não lhes importa mais. Quer se trate dos soldados inimigos (austríacos) ou dos franceses aliados aos italianos, uma vez desarmados, eles voltam a ser simples humanos, a maior parte do tempo garotos que não têm 20 anos e cujas famílias aguardam notícias no mais das vezes desoladoras. A ação humanitária moderna vai então se caracterizar por essa supranacionalidade que Dunant admira nessas mulheres italianas que vêm ajudá-lo.

"Só jovens de 18 a 20 anos, vindos tristemente até aqui do fundo da Germânia ou das províncias orientais do vasto

---

61. Os neorrepublicanos e os soberanistas, que querem reativar os valores do primeiro humanismo, têm fortes argumentos para advogar a favor da estrutura nacional. É de fato a esfera da democracia mas também a da solidariedade (orçamentos nacionais), o que não é pouca coisa e supõe que reflitamos melhor antes de ir mais longe. Para mim, que fiz a maior parte dos meus estudos na Alemanha, que morei nos Estados Unidos e que também adotei uma de minhas filhas na Colômbia, a esfera nacional não deixa de ser, no entanto, estreita demais. Não se trata de suprimi-la, mas, também aqui, de uma *Aufhebung,* de uma ultrapassagem que conserva.

império da Áustria! E alguns deles talvez, necessariamente, rudemente, terão de suportar, além das dores corporais e a mágoa do cativeiro, a maldade proveniente do ódio dedicado pelos milaneses à sua nação, a seus chefes e a seu Soberano. [...] Pobres mães, na Alemanha, na Áustria, na Hungria, na Boêmia, como não pensar em suas angústias quando sabem que seus filhos feridos estão prisioneiros nesse país inimigo! Mas as mulheres de Castiglione, vendo que não faço distinção alguma de nacionalidade, seguem meu exemplo demonstrando a mesma benevolência a todos esses homens de origens tão diversas e que todos eles lhes são igualmente estrangeiros. 'Tutti fratelli', repetiam elas com emoção. Honra a essas mulheres compassivas, a essas moças de Castiglione! Nada as repugnou, as cansou ou desencorajou, e sua dedicação modesta não se importou nem com as fadigas, nem com os desgostos, nem com os sacrifícios."

A obra de Dunant deveria ser citada na íntegra, cada página mostrando em que sentido o humanitarismo moderno alarga a ideia dos direitos humanos mantendo-se fiel à sua inspiração inicial, como ele ultrapassa a esfera da cidadania, portanto da nacionalidade à qual as primeiras declarações estavam ainda presas. Vemos também nesse livro singular como esse alargamento está ligado ao nascimento da família moderna no seio da qual o amor dos entes queridos conduz, não a uma retirada egoísta para a esfera privada, mas ao contrário para um alargamento do horizonte moral, para uma simpatia nova e mais larga pelo vizinho. Daí o fato de que é doravante a luta contra a indiferença que vai caracterizar o humanitarismo moderno. Como Robert Banditer me dissera um dia depois de uma conferência que eu acabara de dar sobre a história dos direitos humanos, não se trata mais hoje em dia de aplicar somente a fórmula *"Não faça com o outro o que não quer que façam com você"*, mas de alargá-la de modo a se tornar enfim: *"Não deixe que façam ao outro o que você não quer que façam com você"*. Aqui Robert Banditer disse o essencial...

Talvez perguntem o que há de verdadeiramente novo na segunda idade do humanismo em relação à do Iluminismo? Responderei de bom grado que é justamente essa luta contra a indiferença. Ela se torna central na ação humanitária ao mesmo tempo que a preocupação com a alteridade escapa pouco a pouco da esfera unicamente nacional dos direitos humanos das primeiras gerações. Ela é, aliás, inseparável dessa preocupação com as gerações futuras que já mencionei, os filhos da pátria dando lugar àqueles que amamos, aos filhos da família. Os nacionalistas e os revolucionários à moda antiga nisso verão certamente um terrível declínio. Temerão, e por vezes com razão, uma confusão entre moral e política. Vejo muito mais um magnífico progresso. Não consigo achar admirável os 20 milhões de mortos da absurda guerra de 1914, também não os 60 milhões da de 1939-1940, menos ainda os 120 milhões de vítimas do comunismo; quanto à guerra do nacionalismo russo contra a Ucrânia, ela nos aparece como um arcaísmo desolador, um passo atrás quase incompreensível, uma vez que pensávamos ter acabado com os conflitos engendrados pela loucura nacionalista.

3) Espiritualidade: a revolução do amor ou o nascimento de uma nova figura da transcendência e do sagrado

Como demonstrei em meu livro *La Révolution de l'amour* (2010) [A revolução do amor. Rio de Janeiro: Objetiva, 2012], inspirando-me nos trabalhos do genial Philippe Ariès, a invenção da família moderna fundada no casamento por amor terá três consequências que vão marcar como nunca nossas vidas de ocidentais modernos: primeiro, claro, a invenção do divórcio, inseparável da fundação da família num amor/paixão, cuja experiência nos mostra todos os dias que ele não é necessariamente eterno; em seguida, um amor crescente pelos filhos nascidos de uniões fundadas no sentimento, na verdade uma verdadeira sacralização da infância largamente desconhecida, e mesmo desprezada pelas pessoas da Idade Média; por fim, ao contrário do que dizem tolamente, não um ensimesmamento, mas antes um formidável alargamento do horizonte do qual o humanitário moderno é um sinal entre outros. A verdade, como sugeri mais acima, é que as grandes questões políticas já estão mais ou menos ligadas a essa "revolução do amor", a sacralização da infância engendrando naturalmente uma preocupação inédita com as gerações futuras pelas quais estaríamos dispostos a fazer muitos sacrifícios que não estamos mais dispostos a fazer pelos nacionalismos à moda antiga ou *a fortiori* pela revolução. É nesse contexto que vivemos, pelo menos no Ocidente e singularmente na velha Europa, uma verdadeira revolução na ordem do sagrado, uma mutação fundamental cuja extensão os políticos e os intelectuais que permanecem colados no mundo antigo, na oposição entre liberais e socialistas, entre nacionalistas e europeístas, ainda não se deram conta.

Permita-me retornar a ele rapidamente para evitar um mal-entendido demasiado frequente: o sagrado não é somente o oposto do profano, não é, ou não somente, o religioso, é sobretudo aquilo pelo qual alguém pode se sacrificar, dar sua vida; é o lugar do sacrifício possível e do sacrilégio, daquilo pelo qual alguém poderia morrer ou matar. É nesse sentido que o sagrado é o principal motivo de guerra numa história humana que conheceu suas três faces essenciais: Deus, Pátria, Revolução, entidades que foram durante muito tempo, e em algumas regiões do mundo ainda hoje, os três grandes ídolos da humanidade, as três grandes figuras do sagrado e por isso mesmo os três maiores motivos de guerra. Hoje, pelo menos no Ocidente democrático, é realmente na própria humanidade que o sagrado, sob o efeito conjugado da revolução do amor e da grande desconstrução das tradições, elegeu domicílio, não justamente num sentido religioso, mas simplesmente como o lugar laico do sacrifício e do sacrilégio, daquilo que poderia nos fazer sair de nós mesmos e de nosso egoísmo para defender e proteger os outros, pelas armas se necessário. Na Ucrânia de hoje, lutam pelo menos tanto por sua família quanto pela nação. Nesse sentido, vivemos no Ocidente a emergência de uma problemática espiritual e política nova, a da sacralização do humano e da preocupação com as gerações futuras que se apoia numa nova face de nossa relação com a transcendência.

As três faces da transcendência

Como vimos no capítulo sobre Espinosa, o que caracteriza o racionalismo dogmático, e mais largamente todas as formas de materialismo, é a rejeição radical da própria noção de transcendência. O próprio Deus não é nada mais do que a natureza (*Deus sive natura*), imanente ao mundo e, na verdade, nada mais do que o próprio mundo. Também vimos como, sobre esse ponto se não em outros, a desconstrução dos "ídolos" da metafísica graças ao famoso martelo de Nietzsche encontrava paradoxalmente o espinosismo – como evidenciado pelo pensamento de Gilles Deleuze ou de Clément Rosset, ambos indissoluvelmente nietzscheanos e espinosistas em sua filosofia da imanência e da rejeição absoluta de toda forma de transcendência. O que esse novo materialismo não consegue compreender e que a tradição da fenomenologia, na qual me inspiro aqui, vai justamente perceber e ressaltar no rastro de Kant, é que existem várias formas de transcendência e que nem todas são atingidas pela crítica espinosista ou nietzscheana dos "ídolos". Esclareçamos então esse importante ponto crucial da forma mais clara possível.

Há primeiro, por ordem de entrada na história das ideias, a transcendência que os Antigos mobilizavam para responder à questão da vida feliz em termos de cosmologias. Como vimos, a ordem harmoniosa do cosmos é transcendente em relação aos seres humanos que não a criaram, nem inventaram, mas que a descobrem como um dado exterior e superior a eles. Em seguida encontramos a transcendência do Deus dos grandes monoteísmos, uma transcendência que não se situa somente em relação à humanidade, mas também em relação ao mundo concebido inteiramente como uma criatura cuja existência depende de um Criador exterior. Mas uma terceira forma de transcendência, diferente das duas primeiras, pode ainda ser pensada a partir da filosofia transcendental e da fenomenologia que, neste ponto, em muitos aspectos é apenas seu prolongamento. Trata-se, para retomar o vocabulário de Husserl, de uma "transcendência na imanência" no sentido de que é de fato "em mim", em meu pensamento ou na minha sensibilidade, que se desvelam os valores, fora de qualquer referência a argumentos de autoridade ou a uma heteronomia cuja origem se enraizaria num fundamento real (o cosmos, Deus ou a natureza). De fato, eu não invento nem as verdades matemáticas, nem a beleza de uma obra, nem os imperativos éticos, nem mesmo a paixão amorosa: não é uma decisão deliberada "cair de amores", simplesmente acontece. A alteridade ou a transcendência desses quatro valores fundamentais é nesse sentido bem real, podemos fazer deles uma fenomenologia, uma descrição que parte do sentimento irrepressível de uma necessidade da consciência, de uma impossibilidade de pensar ou de sentir de outra forma: 2 + 2 são 4 e isso nada tem a ver com gosto, nem com escolha subjetiva, é assim! No entanto, essa verdade, por mais simples que seja, escapa à autoridade de uma fundação exterior a mim. Posso certamente deduzi-la de certos axiomas iniciais, como esses da aritmética clássica, mas para além desses axiomas, que por definição são e permanecem proposições não demonstradas, nenhum fundamento real não me é jamais desvelado.

É essa abertura que o humanismo não metafísico que está no cerne do espiritualismo laico quer assumir, não por impotência, mas porque ele precisa por princípio e, no final das contas, por lucidez, aceitar, sob pena de recair no discurso da metafísica clássica, de desistir de procurar nos genes ou na divindade, na natureza ou no Ser supremo a explicação definitiva de nossa relação com valores comuns, e mesmo universais... Por isso ele precisa também pensar em outros termos, voluntariamente mais frágeis, mais humanos, e por consequência menos ilusórios, a problemática da vida feliz e, com ela, a do sentido da vida para os mortais.

A verdade é que na era do individualismo democrático, no tempo de uma autonomia reivindicada por todos e em todos os campos, os valores continuam ainda assim nos aparecendo como superiores e exteriores a nós, mesmo quando recusamos os dispositivos teológicos ou materialistas que no passado nos permitiam enraizá-los na heteronomia de uma fundação definitiva qualquer, materialista ou teológica. Não apenas a mais ínfima verdade científica resiste a meu ego e a ele se impõe como um dado que ele realmente tem de fazer prevalecer sobre sua subjetividade, mas na própria esfera da estética, que de bom grado dizem, no entanto, subjetiva, a experiência da transcendência do belo continua sendo tão impressionante quanto nos tempos antigos: eu não invento a beleza de uma suíte de Bach, nem a de uma paisagem, contento-me humildemente em descobri-las como se, apesar dos sentimentos, com efeitos subjetivos, que elas despertam em mim, elas não fossem no entanto criadas pelo arbitrário de minha subjetividade. Como prova o fato de que apesar do adágio bem conhecido "Gosto não se discute", consensos quase universais se formam em torno tanto das belezas naturais quanto das artísticas. Eu nunca ouvi alguém dizer que Mozart ou Bach eram horríveis. A *fortiori* na ordem da ética é por vezes contra minha subjetividade, contra meus pendores particulares, contra minhas inclinações naturais ao egoísmo que tenho então de admitir a transcendência da lei ou o primado da justiça. Daí a persistência, até no próprio seio das sociedades individualistas, de uma referência ao universal, à *res publica*, sendo difícil ver que significado ainda deveríamos lhe atribuir se a única verdade se situasse no narcisismo próprio a cada individualidade particular.

Ao contrário da transcendência cosmológica ou teológica, essa transcendência na imanência não remete portanto à ideia de um fundamento definitivo e vertical, mas antes, retomando mais uma vez o vocabulário de Husserl, à noção de horizonte: quando abro os olhos para o mundo, os objetos sempre me são dados sobre um pano de fundo, e esse mesmo pano de fundo, à medida que penetro no universo que me cerca, continua se movendo assim como o horizonte se move para um navegador, sem nunca se fechar completamente para constituir um fundamento último e inultrapassável. Assim, de fundo em fundo, de horizonte em horizonte, não consigo jamais perceber seja o que for que eu possa considerar como uma entidade última, um Ser supremo ou uma causa primeira que viria fundar e garantir a existência do real que me cerca. Nesse sentido a noção de horizonte, em razão de sua mobilidade infinita, encerra de maneira metafórica a do mistério do Ser. Como a imagem do cubo, nunca consigo perceber todas suas faces ao mesmo tempo, a realidade do mundo nunca me é dada na transparência total e no domínio perfeito de um conhecimento do terceiro gênero ou de um saber absoluto. Em outras palavras: se nos limitamos ao ponto de vista da finitude humana, se recusamos o salto místico a que o materialismo e a teologia nos convidam cada um a seu modo em sua busca de um fundamento último material ou espiritual, é preciso admitir que o conhecimento humano não poderia jamais aceder à onisciência, que ele não poderia jamais coincidir com o ponto de vista de Deus ou da natureza, nem por uma "intuição intelectual", nem por qualquer "amor intelectual a Deus", uma constatação que não conduz, no entanto, a nenhuma forma de relativismo. Pelo contrário, ele nos conduz, como acabo de dizer, a reconhecer a transcendência fenomenológica, e mesmo o caráter absoluto dos valores.

É também por essa recusa do fechamento, por essa rejeição a todas as formas de saber absoluto, que essa transcendência de um terceiro tipo aparece então como uma "transcendência na imanência", como a única capaz de conferir um significado rigoroso à experiência humana que o espiritualismo da segunda idade do humanismo tenta descrever e levar em conta. Essa transcendência "horizontal", enraizada na imanência àquilo que Husserl chamava a *Lebenswelt*, o "mundo vivido", nada mais tem a temer das diversas filosofias da suspeita, nem de sua desconstrução "com o martelo", precisamente porque ela não vem nem daqui embaixo (da infraestrutura econômica ou genética como nas diferentes faces do materialismo), nem do alto (cosmologia, teologia), porque ela não é mais a emanação de uma entidade autoritária e vertical, mas de uma muito humana e muito imanente consciência de impossibilidade transcendental de negar sua realidade superior a nosso ego, e isso tanto no campo da verdade quanto nos da justiça, da beleza e mesmo do amor. Certos valores se impõem a nós como "absolutos práticos[62]", como princípios não negociáveis e isso até e inclusive no campo da estética, o sentimento da beleza bem como o respeito do ser amado exigindo de nós uma "saída de si" que se impõe estranhamente "de fora e de dentro", como testemunha a metáfora do coração, presente em todas as línguas, quando se trata de falar de emoção estética ou de amor.

Em suma, poderíamos dizer que essa transcendência na imanência funda a lógica geral do espiritualismo laico na medida em que possui as três dimensões essenciais: a) transcendência da liberdade, como vimos na crítica do espinosismo e do materialismo, uma transcendência que mostramos como ela funda uma nova relação com a moral e também com o que dá sentido às nossas vidas; b) transcendência na imanência dos quatro valores fundamentais que são como bússolas de nossas existências e que nos conduzem, ao contrário do narcisismo, para a saída de si na direção dessas quatro formas da alteridade que são a verdade, a justiça, a beleza e o amor; c) por fim, transcendência da historicidade ligada ao fato de que o humano, ao contrário do animal, não é apenas naturalidade – uma transcendência que funda o cuidado de deixar à posteridade, aos que amamos ou poderíamos amar, isto é, aos nossos entes queridos e à humanidade (e não apenas à pátria), um mundo melhor do que aquele que

---

62. Este também foi um ponto de divergência ou pelo menos de discussão com Marcel Gauchet em nosso livro sobre o estatuto do religioso depois da religião.

conhecemos, o que mais uma vez dá sentido ao projeto de aumentar a longevidade da vida humana.

4) Uma estética pós-vanguardista

Do "bezerro no formol" de Damien Hirst ao "plugue anal" de Paul McCarthy passando pelo "canhão de merda" de Anish Kapoor ou pela "composição" de John Cage intitulada simplesmente *4'33"*, o pianista sentando-se durante esse lapso de tempo diante do piano sem nem mesmo relar nas teclas, as facécias da arte contemporânea não param de divertir, de espantar ou de irritar[63] um público que compreende cada vez menos por que pianos revestidos com alcatrão, carros amassados, quadros brancos sobre branco (ou pretos sobre preto), chapéu-coco cheios de tinta, montes de areia ou de carvão colocados simplesmente no chão sem ordem particular podem seriamente ser considerados como obras de arte. Com o mictório, a roda de bicicleta e o porta-garrafas expostos como cria-

---

63. Mario Vargas Llosa fala sobre isso num tom meio exasperado, meio desesperado, em *La Civilization du spectacle* (2012) [A civilização do espetáculo: Rio de Janeiro, Objetiva, 2013]: *"Nossa época permitiu que um magnata pagasse 12,5 milhões de euros por um tubarão imerso numa caixa de vidro cheia de formol e que o autor dessa farsa, Damien Hirst, fosse considerado hoje, não como um inverossímil farsante, mas como um dos grandes artistas de nosso tempo. [...] Em que vemos que o desplante e a provocação bastam às vezes, com a cumplicidade das máfias que controlam o mercado da arte e dos críticos estúpidos ou cúmplices, para conferir o estatuto de artistas a ilusionistas que dissimulam sua indigência e sua vacuidade por trás da trapaça de uma suposta insolência. Digo 'suposta' porque o mictório de Duchamp tinha ao menos o mérito de provocação. Mas o que antes era revolucionário tornou-se mero modismo, futilidade, truque, um ácido sutil que desnatura a atividade artística para transformá-la numa grande patetice".*

ções geniais, Duchamp já havia, desde o início do século passado, inventado quase tudo, de modo que as tentativas desesperadas para fazer a todo custo o que ainda não foi se repetem indefinidamente a ponto de a inovação ter se tornado tradição, tradição do novo, é claro[64].

O povo não se reconhece nelas. Poucos são os operários e os camponeses na Fiac [Feira internacional de arte contemporânea] ou num concerto de música atonal. Como testemunham as anedotas recorrentes dessas infelizes faxineiras que acreditaram agir corretamente ao limpar uma banheira engordurada, ao tirar uma mesa ou esvaziar um cinzeiro cheio de bitucas sem se darem conta que se tratava de uma "obra-prima" de Daniel Buren, de Damien Hirst ou de Paul Branca. Uns adoram, outros detestam. Pouco importa, no fundo. O que importa, em contrapartida, é compreender enfim o que aconteceu para que chegássemos a esse ponto, compreender por que, como na *Art*, a genial peça de Yasmina Reza, ou no filme *Intouchables* [Intocáveis], bons amigos quase se estapeiam porque um acha sublime um monocromo branco enquanto o outro considera uma impostura débil e pretenciosa.

---

64. Como compreendeu tão bem Octavio Paz, escritor cujo gosto pela arte e pela cultura é difícil negar, nas conferências sobre o destino da poesia moderna proferidas em Harvard em 1972: *"Durante anos, escrevia, as subversões encenadas pela arte moderna tornaram-se rituais, a rebelião tornou--se procedimento, a transgressão cerimônia. Não digo que estamos vivendo o fim da arte, digo que estamos vivendo o fim da arte moderna".*

A razão para isso é infinitamente profunda, vai bem além de uma simples questão de gosto, pois é na arte contemporânea que o capitalismo desvelou melhor sua verdadeira lógica, sua dupla face de inovação e de ruptura. O artista contemporâneo se imagina de bom grado como poeta maldito, subversivo, e até revolucionário, mas a verdade é que ele coloca em cena com maior ou menor criatividade a lógica mais profunda das sociedades capitalistas, a da inovação e da ruptura com as tradições. O artista é de esquerda, mas o comprador é de direita, os dois se inscrevem no movimento da "revolução permanente" que Marx e Schumpeter mostraram, cada um a seu modo, que ele era a essência mesma do capitalismo globalizado. O grande capitão de indústria nele se reconhece e nele investe, a arte contemporânea refletindo sua imagem e fortalecendo essa paixão pela criação e pelo inédito que o torna também uma espécie de artista moderno em seu campo, o dos negócios. É preciso ser cego para não ver que a desconstrução da figuração na pintura e da tonalidade na música foi no século passado o reflexo – a "superestrutura" como Marx teria dito – desse imperativo de inovação permanente que ia se impor às empresas no contexto da globalização liberal. Daí o sucesso paradoxal que a "arte capitalista" (Schumpeter) encontra no mundo burguês, entre as elites, inclusive as de esquerda (entre os descolados), mas o desinteresse quase total que ela desperta no povo *old school*. Daí também o fato de que os preços das obras substituíram o juízo de gosto no mercado da arte, uma vez que os amantes são muitas vezes investidores. Em geral, aquele que ousa criticar os desvios da arte contemporânea acaba sendo tratado como fascista ou caipira, como se o juízo estético fosse imediatamente político ou sociológico, como se fosse absolutamente necessário ser "distinto" para amar a música atonal ou apreciar a arte conceitual.

Felizmente, e essa precisão é crucial, a arte de hoje não se reduz mais à arte "contemporânea". Ela é capaz de nos oferecer outras faces. Estou convencido de que o elitismo e, é preciso confessar, o esnobismo que cercam o modernismo começam a cansar meio mundo. Quem ainda lê as pretensas obras-primas do Nouveau Roman? Quem ainda ouve realmente os últimos quartetos de Schönberg? Quase ninguém. As artes plásticas encontram-se numa posição melhor, claro, primeiro porque tendem para o decorativo, depois porque o Estado cultural e os mercados as sustentam e porque os preços astronômicos de certas obras impressionam. Na verdade, elas calam a boca do ignorante que se contenta, diante das somas que lhe parecem ainda assim significar alguma coisa, em confessar humildemente, como se fosse sua culpa, que ele "não compreende".

Seria preciso, todavia, rejeitar a arte contemporânea como se sua história fosse apenas derrelição, como se ela não tivesse trazido nada de positivo? Claro, essa questão só será colocada por aqueles que não se reconhecem nas facécias que acabo de citar. Confesso que estou entre eles e, no entanto, não rejeitarei a arte contemporânea não mais que seu análogo na história da filosofia, o período dos grandes desconstrutores que vai de Schopenhauer e Nietzsche a Heidegger e que se prolonga no Pensamento 68, nos seus epígonos franceses. Sim, está claro que saímos do grande período da lógica frenética da desconstrução "com o martelo", assim como abandonamos a esfera do vanguardismo puro e duro. No entanto, não se trata evidentemente de filosofar como se Nietzsche e Heidegger não tivessem existido, e muito menos de compor como se Schönberg não tivesse inventado a música atonal, Picasso o cubismo ou Kandinsky a abstração. Creio que os desconstrutores, seja na arte ou na filosofia, estavam certos num ponto: ao buscar criticar os grilhões das tradições e dos mundos antigos, eles libertaram, quaisquer que sejam os impasses nos quais acabaram se enredando, aspectos da humanidade que as obras antigas não contemplavam, e até se esforçavam em rejeitar – a parte do corpo, do inconsciente e do irracional, e mesmo da loucura que também habita cada um de nós, a parte do "primitivo" ou da criança que ainda permanece presente no adulto, a feminilidade dos homens ou a virilidade das mulheres, em suma, dimensões da humanidade que o classicismo e até o romantismo não levavam muito em conta. Como explica Kandinsky em seu livro *Du spirituel dans l'art* [Do espiritual na arte] (1911), a arte abstrata visa sobretudo liberar a expressão do que ele chama de "pura vida interior do eu", uma interioridade que os grilhões da figuração e da perspectiva clássica confinavam segundo ele numa espécie de prisão. Cem anos depois de Kandinsky, Soulages não dirá nada diferente[65] quando solicitado a definir sua "obra".

No entanto, penso que hoje estamos nos afastando dessas "buscas" que visavam apenas desconstruir o que impedia a expressão da vida interior. Artistas, escritores e pensadores de hoje estão novamente procurando o sentido, a narrativa e a verdade na escrita e até mesmo, ousemos dizer a palavra odiada, a beleza na obra de arte. E quando digo "reatar", não se trata de "retornos a", de restaurações nostálgicas de um passado perdido, de um revivalismo que reanimaria a chama apagada do classicismo ou do romantismo. Assim como as "buscas" e as "instalações" que mencionei me parecem enfadonhamente fúteis, assim também admiro os compositores que souberam, e isso desde o início do século XX, como Ravel, por vezes também Bartók e Stravinsky, nos dar, ao contrário dos dodecafonistas, maravilhosos exemplos de beleza moderna, tanto pós-clássica como pós-romântica. Eles abriram um caminho que outros seguiram noutros campos – Anselm Kiefer, Gerhard Richter, Li Chevalier ou Gérard Garouste nas artes plásticas, mas também Emmanuel Carrère, Philip Roth, Michel Houellebecq, Milan Kundera ou Yasmina Reza no universo da literatu-

---

65. Cf. *L'Intériorité de la peinture. Entretiens avec Anne-Camille Charliat*, Hermann, 2019.

ra. Eles compreenderam que para ser um artista autêntico não bastava simplesmente repetir sem risco e sem talento o gesto desgastado da inovação pela inovação.

5) Uma relação inédita com as ciências: racionalismo crítico e falseabilidade

Qual estatuto dar à ciência e à tecnologia no contexto desta quinta visão de mundo? Resposta: o de um racionalismo crítico evidentemente situado no lado oposto do racionalismo dogmático de Espinosa, Hegel ou Marx. Indo contra uma opinião reinante entre os próprios cientistas, Karl Popper mostrou, inspirando-se em grande parte em Kant, como a conduta autêntica do cientista não visava verificar de maneira obsessiva hipóteses, mas ao contrário refutá-las ou, como ele diz, "falsificá-las". A palavra "falsificar" é um anglicismo que aqui significa "testar" uma hipótese procurando por tudo que poderia demonstrar que ela é falsa. O cientista autêntico, ao contrário do metafísico dogmático que pretende provar tudo *more geometrico*, é portanto aquele que busca refutar proposições, começando por aquelas que ele mesmo formulou e que tenderia a considerar espontaneamente como verdadeiras ou plausíveis. Em vez de dizer: "Vou acumular as experiências para reforçar minhas ideias", o cientista verdadeiro é aquele que vai imaginar novas experimentações, testes de falsificação da hipótese que ele mesmo emitiu. No ápice da autorreflexão, ele se engalfinha consigo mesmo, leva o espírito crítico ao máximo voltando-o contra si mesmo, procura questionar suas próprias convicções sem parar de avançar, como Descartes, já na primeira evidência.

A ciência tal qual pensada pelo segundo humanismo não procede, portanto, nem por cadeias de certezas, nem por cadeias de observações, mas, como diz o título de um livro de Popper, por conjecturas e refutações. Refutações, acabamos de dizer por que, mas também conjecturas, porque o espírito humano, ao contrário do que pretendiam os empiristas, não é passivo. Popper também aqui é um herdeiro de Kant. Embora ele não seja propriamente kantiano, ainda assim é no espaço da filosofia crítica que ele se inscreve, notadamente quando, contra Hume e os empiristas, mostra que o espírito não é passivo, que ele não é uma simples estátua de cera à espera de receber impressões de fora. Existe uma espontaneidade, uma criatividade no pensamento humano que levanta por conta própria hipóteses assim que observa o real com o objetivo de compreendê-lo. Observemos que em perfeita sintonia com a autorreflexão que caracteriza a teoria na visão de mundo dessa segunda idade do humanismo, a intersubjetividade, o diálogo e a discussão se encontram assim colocados no centro da objetividade: "a publicidade", entendida aqui no sentido do espaço público aberto pela comunidade dos cientistas, torna-se parte integrante da teoria da objetividade. A ética da discussão se instala no centro de qualquer busca pela verdade. A objetividade não é mais apenas uma relação com o objeto, como no racionalismo dogmático, mas é também uma ética de sujeitos que engajam entre eles uma livre-discussão no seio de seu espaço público, o da argumentação, da publicação científica em revistas, em colóquios, nas academias, enfim, nos lugares de debate onde a intersubjetividade é indispensável para a construção da objetividade.

6) Uma nova relação com o tempo e a longevidade: uma tripla secularização do cristianismo

Como tentei destacar desde a análise da primeira característica desse espiritualismo laico, é claro que se trata em nossa relação com as ciências históricas de estabelecer a partir do presente um vínculo entre o conhecimento do passado e o melhoramento do futuro. A ciência histórica torna-se aqui a ciência rainha, não porque se trata, como nas religiões, de sacralizar a tradição, mas, ao contrário, porque esse conhecimento é emancipador porque nos permite considerar seriamente mudar nosso futuro. Nesse sentido o espiritualismo laico, diferentemente das outras visões de mundo, religa as três dimensões do tempo sem privilegiar nenhuma delas em particular. Mas não é só isso. No plano político e moral, ele seculariza o cristianismo na perspectiva não mais da imortalidade da alma, mas de uma grande longevidade que por si só poderia permitir à humanidade se tornar eventualmente menos estúpida, menos violenta e menos louca do que foi no século XX (nada é certo, é claro, trata-se apenas de abrir uma oportunidade, uma possibilidade). Para compreender bem este ponto crucial, é preciso lembrar como o cristianismo trouxe para a nossa história os três pilares que formarão a base da democracia, do humanismo moderno, mas também da espiritualidade no entanto laica que aqui defendo.

Em primeiro lugar, como indiquei mais acima e que retomo aqui de maneira mais aprofundada, ele nos fez passar do mundo aristocrático ao da igualdade e dos direitos humanos, do *Homo hierarchicus* ao *Homo æqualis*, nos fez sair da sociedade de castas já teorizada na *República* de Platão e mais tarde inscrita na realidade do mundo feudal. Como diz Tocqueville numa passagem de *De la démocratie en Amérique* [A democracia na América] (1835), a grande Declaração dos direitos humanos de 1789 nada mais é do que uma secularização da ideia cristã, a igualdade das criaturas perante Deus tornando-se igualdade dos cidadãos perante a lei. E mais: a Parábola dos Talentos nos legará a ideia de que a dignidade moral de um ser humano não depende de seus dons naturais, mas do que faz com eles, portanto de sua liberdade e de seu trabalho, colocando assim um ponto-final na ideia aristocrática segundo a qual os melhores por natureza são moral e politicamente superiores aos outros. Para o cristianismo, uma criança com trissomia tem a mesma dignidade moral e o mesmo valor moral de um gênio – tema que será encontrado nas grandes morais republicanas, a começar pela de Kant, segundo a qual todos os talentos naturais podem ser colocados tanto a serviço do bem como do mal, portanto não são eles que têm um valor moral intrínseco, mas somente o uso que fazemos deles por nossa própria vontade.

Por fim, por mais paradoxal que pareça, é também a ideia de laicidade que a teologia cristã trará ao universo republicano como podemos ver no Evangelho segundo São Marcos (7,15), quando Cristo declara aos que querem recriminá-lo porque seus discípulos não lavaram as mãos antes de começar a comer que *"Nada que vem de fora de uma pessoa pode torná-la impura"*. Como no episódio da mulher adúltera, ele remete cada um ao seu "foro íntimo", à sua consciência, o que permite dar a César o que é de César e a Deus o que a Ele pertence – nesse sentido, o cristianismo, ao contrário das outras religiões, não prescreverá nenhuma juridificação da vida cotidiana, uma liberdade que abrirá a possibilidade de uma sociedade laica. A política democrática e republicana que o espiritualismo laico ligado à segunda idade do humanismo adota e ao mesmo tempo estende ao universal aparece assim em vários pontos essenciais como herdeira de uma vasta secularização do cristianismo nos planos moral e político. O nascimento do casamento por amor não é também, sob muitos aspectos, senão uma secularização da filosofia cristã do amor, com a ressalva de engendrar como vimos uma nova figura do sagrado: não mais um deus amado mais do que o humano, mas um humano amado mais do que o divino.

Nessas condições, é também sobre a questão crucial da imortalidade que o espiritualismo laico aparece como herdeiro paradoxal da mensagem cristã, a luta por uma longevidade e uma perfectibilidade, senão infinitas, pelo menos sem limites colocados *a priori*, tomando o lugar da promessa cristã da morte da morte e da ressurreição do corpo. Mais do que nunca é preciso escutar o alerta que Rousseau nos dirigia quando se perguntava como envelhecer sem se tornar "imbecil", sem perder a liberdade, sem se tornar pouco a pouco incapaz de se descolar da casca que nós mesmos transformamos numa masmorra. Como não fazer das idades da vida uma prisão? São quase infinitos os papéis pré-fabricados à disposição na sociedade, basta escolher, vesti-los como roupas velhas, como pantufas já bem gastas. Isso é o que Sartre chamava, não de imbecilidade, como Rousseau, mas de "má-fé"[66]. A pessoa de

---

66. Em *L'Être et le Néant* (1943) [O ser e o nada. Petrópolis: Vozes, 2015], Sartre traça o retrato de um empregado que representa seu próprio papel, que brinca de ser um garçom de café, que incorpora e ilustra, por assim dizer, em seus mínimos gestos o que ele imagina ser a essência do garçom de café, encarnando todos os traços, todos os maneirismos característicos de sua profissão a fim de corresponder perfeitamente ao que ele imagina ser sua essência, como um objeto fabricado, por exemplo uma faca de abrir cartas, possui todas as características que devem ser as suas para corresponder ao seu conceito. O pobre coitado se esforça para que as palavras pronunciadas e a atitude estejam perfeitamente adequadas ao papel social que ele acreditou ser parte dele. Aqui está a famosa passagem: *"Consideremos esse garçom. Ele tem o gesto vivo e forte, um pouco preciso demais, um pouco rápido demais, ele se aproxima dos consumidores com um passo um pouco vivo demais, inclina-se com um pouco de zelo demais, sua voz, seus olhos expressam um interesse um pouco solícito demais pelo pedido do cliente. Por fim, ei-lo que retorna tentando imitar, na sua atitude, o rigor inflexível sabe-se lá de que autômato, enquanto carrega sua bande-*

má-fé é aquela que inventa para si uma identidade e um determinismo à sua medida[67]. Mas se somos livres, justa-

---

ja com uma espécie de temeridade de acrobata, colocando-a num equilíbrio perpetuamente instável e perpetuamente rompido, que ele restabelece perpetuamente com um leve movimento do braço e da mão. Toda sua conduta nos parece um jogo. Ele se dedica a encadear seus movimentos como se fossem mecanismos que se comandam uns aos outros. Sua mímica e sua própria voz parecem mecanismos. [...] Ele brinca, ele se diverte. Mas do que ele está brincando? Nem é preciso observá-lo por muito tempo para perceber: ele brinca de ser um garçom de café". Por que o garçom é um pouco solícito "demais"? Esse "demais", que aparece reiteradamente no texto, vem reforçar a ideia de que o garçom se esforça para negar sua liberdade. Esse "demais" é o próprio lugar da má-fé: "má" porque, na verdade, o garçom sabe muito bem que é "apenas" um garçom, sabe perfeitamente que está representando um papel convencional e é por isso que, aliás, como um cabotino, ele faz "demais". Esforça-se desesperadamente para reunir seu conceito, para conformar sua existência ao que considera como sua essência. Aqui está, além disso, o final de toda essa passagem: "Estas são algumas das precauções para aprisionar o homem naquilo que ele é. Como se vivêssemos no temor perpétuo de que ele escape, de que ele transborde e de repente fuja de sua condição". "Transbordar", "escapar": tantas metáforas do excesso, do desvio ou do "nada", do "não ser o que se é", nas quais reside a possibilidade da liberdade. Por mais que eu brinque de ser garçom de café até o mais ínfimo detalhe e não poupe esforços para abraçar meu papel, nunca serei 100% um garçom de café. Este é o sentido da palavra "nada" que aparece no título do livro de Sartre, que procede aqui a uma crítica moral, e não apenas teórica, do determinismo social, econômico ou histórico. Ele quer mostrar que por trás da escolha teórica do determinismo se oculta um viés ético em desfavor da liberdade e a favor da má-fé, da reificação (a má-fé faz de nós autômatos, nos aproxima das coisas ao nos distanciar do humano – voltaremos a isso). Na qual encontramos uma ideia já cara a Kant: nossas escolhas filosóficas dissimulam vieses éticos (a razão teórica é sempre mais ou menos guiada pela razão prática).

67. Trata-se aqui das essências que podemos decidir por uma espécie de covardia que elas precederão doravante nossas existências. Se chegamos a nos identificar totalmente com elas, perdemos evidentemente nossa liberdade, tornamo-nos então como uma coisa, idêntica a si mesma, a existência conformando-se perfeitamente à essência. É justamente o que Sartre chama de "reificação" (da palavra res que, em latim, significa "coisa"). Com isso ele quer dizer que ao se identificar com uma essência, a pessoa tor-

mente, como afirmam de maneira bem semelhante Rousseau e Sartre, a imbecilidade e a má-fé são inelutáveis?

Nada mostra que a maior longevidade tomará necessariamente essas vias funestas. Desde que fiquemos atentos, ela pode em vez disso conduzir a uma forma de sabedoria, e mesmo a uma vida mais feliz, ao que o velho Kant, justamente, na *Crítica da faculdade de julgar*, escrita aos 66 anos, uma idade canônica para a época, nomeava o "pensamento alargado" em oposição ao espírito limitado:

na-se "cheia de si mesma", ela perde essa distância em relação a si mesma, essa transcendência ou esse excesso que, como o lugar mesmo do nada e da liberdade, revelam-se como a verdadeira característica do homem, sua diferença específica das coisas e dos animais. Esse "cheia de si mesma" é, portanto, o produto acabado da má-fé levada ao limite: ele encarna a negação de sua própria liberdade e a aceitação do determinismo. Mas esse ápice da má-fé pode assumir duas formas distintas, encarnar-se em dois tipos de pessoas: a figura do burguês, que encarna aos olhos de Sartre o "ignóbil" por excelência, ao passo que em relação ao garçom de café, este se contenta em ser apenas um "covarde". Por quê? Porque ao aceitar sua própria reificação com pleno conhecimento de causa, com plena consciência de que na verdade o garçom de café não se reduz jamais inteiramente à sua qualidade de garçom de café, há sempre um resto, de modo que o indivíduo de má-fé sabe que está de má-fé. Ele escolhe então esse caminho assumindo o fato de ser um "covarde" ou um "desprezível". Eis o que Sartre escreve sobre eles: *"Assim, em nome dessa vontade de liberdade implicada pela própria liberdade [que homem autêntico conservou], posso formar juízos sobre aqueles que visam ocultar de si mesmos a total gratuidade de sua existência e sua total liberdade. Uns que ocultarão de si mesmos, por seriedade ou por desculpas deterministas, sua total liberdade, eu os chamarei de covardes. Outros, que tentarão mostrar que sua existência era necessária quando é a contingência mesma do aparecimento do ser humano na terra, eu os chamarei de desprezíveis. Mas covardes ou desprezíveis só podem ser julgados no plano da estrita autenticidade".* Aquele que conserva sua autenticidade, seu distanciamento, sua aptidão para ser além de si, este terá então o direito de julgar os outros, covardes ou desprezíveis, quando eles negam sua liberdade fundamental.

é nesse alargamento do olhar, que só a idade e a experiência permitem, que talvez se situe realmente o sentido de nossas vidas. Pois abrir o horizonte não é apenas se dar a possibilidade de uma inteligência aumentada, é também se abrir a uma maior compreensão do mundo, e mesmo a uma maior amizade pelos seres que o povoam. Nesse sentido a idade pode também contribuir para que as rigidezes que ela nos impõe abram espaço, às vezes, à abertura de espírito.

Há que se notar ainda, e para mim talvez seja o essencial, que ao contrário do que ocorre nas ideologias da felicidade, o cuidado de si não é mais aqui um cuidado de si narcísico que visaria de forma banal seu bem-estar pessoal, mas um cuidado de "perfectibilidade para o outro" e de harmonização de si mesmo com aqueles que amamos ou poderíamos amar. O ponto merece um pouco mais de atenção. Voltarei a ele na minha conclusão.

3
Resignar-se com a velhice?

Dados para uma filosofia da longevidade

> "Deveríamos viver a vida às avessas...
> Você começa morrendo, o que elimina esse traumatismo que nos persegue por toda a vida. Depois você acorda numa casa de repouso, e se sente melhor dia após dia. Não quero atingir a imortalidade graças à minha obra. Quero atingir a imortalidade não morrendo."
>
> *Woody Allen*

Assim que se menciona a palavra "transumanismo", a lei de Godwin[68] tende a ser aplicada de maneira quase automática. Boas almas, nas esquerdas anticapitalistas como nas direitas iliberais, vociferam contra o eugenismo, para não dizer contra o hitlerismo, delirando sobre o

---

68. Formulada por Mike Godwin em 1990 após constatações simplesmente empíricas, ela afirma que *"quanto mais tempo dura uma discussão online, tanto mais a possibilidade de encontrar uma comparação com Hitler e os nazistas se aproxima de 1"*.

que haveria de neoliberal ou de antirreligioso, portanto, digamos a palavra, de "diabólico", no projeto de aumentar a longevidade humana. É preciso dizer que o transumanismo é um movimento nascido nos Estados Unidos nos anos de 1990, o que por si só já desperta *a priori* a hostilidade dos iliberais tanto de direita como de esquerda. E como se não bastasse, ele é comandado pelos bilhões de dólares injetados pelos famosos GAFAMI (Google, Apple, Facebook, Amazon, Microsoft, IBM), bem como pelos BATXH chineses (Baidu, Alibaba, Tencent, Xiaomi, Huawei), oligopólios, com efeito monstruosos, que evidentemente não despertam a simpatia dos europeus. Além disso, é perfeitamente exato que essas empresas gigantescas se tornaram mais ricas e mais poderosas do que muitos Estados, o que acaba (com razão) trazendo inquietações quanto à sua aptidão de passar por cima das políticas nacionais a fim de estender sua dominação sobre o mundo.

Contudo, o projeto transumanista constitui uma entidade em si, um projeto filosófico e científico que, com oligopólios ou não, continuará a existir no interior dos laboratórios dedicados às pesquisas sobre o envelhecimento em quase toda parte deste vasto mundo, inclusive, é claro, na velha Europa. Além disso, ele levanta questões sobre a sabedoria e a espiritualidade que merecem nossa atenção, as sabedorias antigas, como já compreendemos, sendo *a priori* hostis a tudo o que poderia modificar a lógica intangível das idades da vida, a espiritualidade laica dos Modernos sendo ao contrário favorável à luta contra o envelhecimento. Vale a pena, portanto, compreender os dados ocultos dessa situação antes de ceder aos reflexos pavlovianos que prevalecem em geral sobre esse assunto, e para isso é preferível descartar as leituras simplistas para se ater à realidade de inovações que despertam, como todas as inovações de envergadura, questões, mas que nem por isso têm alguma relação com o eugenismo do século passado. Em meu livro *La Révolution transhumaniste* (2016) [A revolução transumanista. Santana do Parnaíba: Manole, 2018] já havia proposto um tipo ideal de transumanismo. Desde então, não só o projeto se enriqueceu consideravelmente, como as críticas novas que ele suscitou me levam a apresentar uma definição sistêmica mais completa, esclarecendo principalmente o que o distingue dos delírios pós-humanistas segundo os quais poderíamos um dia chegar à imortalidade, baixar nossa memória e nossa personalidade numa espécie de *pen drive* USB, fabricar um cérebro composto de neurônios artificiais engendrando uma verdadeira consciência de si, e mesmo uma nova entidade não biológica dotada de pensamento e de emoções humanas – tantas aberrações que não têm nada a ver com o transumanismo, mas com o que seria melhor descrever como um "pós-humanismo", um desvio fantasmático para mim sem grande interesse em relação ao projeto de fundo que ele tende a ocultar.

O que é o transumanismo?

Para defini-lo, apresentarei seis ideias que, insisto, não têm relação alguma nem com o eugenismo do século XIX, nem *a fortiori* com o nazismo, nem mesmo, como acabo de sugerir, com os delírios pós-humanistas segundo os quais poderíamos um dia chegar a construir uma inteligência artificial forte[69]. Mais do que difamá-lo *a priori*, proponho apresentar o que me parece essencial para perceber o sentido verdadeiro do projeto, mas o fato é que para compreender sua real dimensão é preciso se dar ao trabalho de ler os autores que animam essa corrente, na maioria das vezes cientistas de alto nível. Trata-se de uma literatura científica, difícil, muitas vezes só acessível em inglês, em suma, informações e conhecimentos cuja compreensão demanda tempo e paciência, exigências em geral pouco compatíveis com as restrições que pressionam o mundo midiático. Seis ideias, pois, que eu gostaria de apresentar aqui[70] de maneira simples naquilo

---

69. Claro, como em qualquer movimento de fundo, encontramos também grandes delirantes e cientistas tipo o Dr. Fantástico. É ao mesmo tempo inevitável e, ainda que minoritário, é necessariamente o que chama a atenção no mundo midiático no qual estamos imersos, um mundo que vive dessas paixões democráticas que são o medo e a indignação moral. Esses desvios superficiais, na verdade anedóticos, são muito menos preocupantes do que foram as ideologias totalitárias, maoistas, trotskistas ou comunistas que ensanguentaram o mundo e que, infelizmente, ainda alimentam na maior parte do tempo as críticas ao transumanismo, é verdade que com a ajuda paradoxal dos teólogos dogmáticos hostis a qualquer tipo de modernização do mundo.

70. Você encontrará em meu livro *La Révolution transhumaniste* as referências aos principais autores dessa corrente, bem como inúmeras traduções

que considero como sua parte de verdade, ou melhor dizendo, talvez naquilo que elas parecem ter, para mim, de minimamente sólido para merecer uma discussão afinal séria, longe dos anátemas caricaturais que muitas vezes animam o debate público sobre esse assunto na França.

1) Completar a medicina terapêutica com uma medicina aumentativa ou "melhorativa"

Quando os chineses ou os árabes, ou talvez os gregos, inventam a medicina séculos atrás (difícil dizer quem foi pioneiro nesse assunto...), ela só dispõe de um único modelo, o modelo terapêutico. Recorre-se ao médico quando se está doente, quando se sofreu um acidente. Ele está ali para cuidar, e para nada mais. São muitos os médicos que ainda hoje estão presos a esse modelo único. Outros, ao contrário, pensam que a medicina já é capaz de acrescentar ao modelo terapêutico, cuja finalidade desde milênios era reparar os corpos doentes ou acidentados, uma nova dimensão, a do "aumento" (*enhancement*) ou do melhoramento do potencial da espécie humana. É evidente que não se trata de desistir de cuidar. Está claro que a medicina do cuidado não acabou, como testemunha, infelizmente, o número elevado dos cânceres que todos os anos ainda provocam numerosos falecimentos apesar dos formidáveis progressos das imunoterapias e das terapias focadas. Simplesmente, com a pesquisa sobre os senolíti-

---

de passagens-chave das obras transumanistas que deixo de lado aqui para não me repetir ou tornar desnecessariamente o assunto mais denso.

cos, com a reprogramação das células adultas, e mesmo das células senescentes em células-tronco pluripotentes induzidas (IPS) capazes de reparar os tecidos danificados, e com as possibilidades abertas pela técnica CRISPR [do inglês *Clustered Regularly Interspaced Short Palindromic Repeats*, ou seja, Repetições Palindrômicas Curtas Agrupadas e Regularmente Interespaçadas], uma tesoura molecular que permite cortar/colar as sequências de DNA, podemos pensar que não é mais impossível aumentar realmente certas qualidades do ser humano. Por que, afinal, lhe recusar o que já fazem por um simples grão de milho, de trigo ou de arroz transgênico quando tornam este último mais resistente às inundações na Ásia ou à seca na África? Não valemos mais do que um modesto vegetal?

Voltaremos a isso, mas observo desde já que ao evocar essa ideia, ao comparar o humano com um possível transgênico diante de um auditório desinformado, em geral é o temor que se instala, um temor tanto mais surpreendente porque na verdade poucas pessoas se consideram perfeitas, como atesta o sucesso dos cosméticos, da cirurgia estética e dos produtos mais ou menos dopantes. O fato é que essa primeira reação de angústia diante da possibilidade de inovações que poderiam, no entanto, ser benéficas abre um imenso espaço às críticas do transumanismo. Em geral, elas obtêm, antes de qualquer reflexão profunda, um *a priori* favorável, já que o medo é um dos terrenos mais férteis às ideologias conservadoras. É preciso, pois, ir mais longe e se perguntar o que justamente se trata de aumentar, de melhorar no ser humano, admitindo-se claro que isso seja possível (questão factual e científica à qual retornaremos mais adiante, assim que tivermos esclarecido o sentido do projeto).

2) Aumentar a longevidade em boa saúde, lutar contra o envelhecimento, e mesmo inverter alguns de seus aspectos para retardar a morte e dar à humanidade a possibilidade de ser eventualmente menos estúpida, menos inculta e menos selvagem...

E nos deparamos então com a segunda ideia. Não, não se trata de fabricar um super-homem loiro de olhos azuis, todo armado, com um elmo e uma cruz gamada para guerrear com o resto da humanidade. Afinal, do que se trata? Em suma, e este é realmente o cerne do projeto, cientistas procuram hoje aumentar a longevidade humana, não apenas erradicando as mortes precoces, mas recorrendo às biotecnologias para fazer com que os humanos realmente vivam por mais tempo, jovens e em boa saúde. O importante aqui é não confundir, como muitos fazem instintivamente, expectativa de vida no nascimento e longevidade. Esclareçamos então as coisas. É claro que a expectativa de vida aumentou muito ao longo dos últimos três séculos, sobretudo no século XX, em razão dos progressos fulgurantes da medicina, mas também da melhoria das condições de vida e de trabalho. Na França (dou a média homem/mulher e os números excluindo as guerras), em meados do século XVIII, a expectativa de vida não ia muito além de 25 anos; em 1862, quando Victor Hugo publica *Os Miseráveis*, ela ainda era apenas de 37 anos; em 1900, de 45 anos, e quando eu nasci, em 1951, de 63 anos. Hoje ela é de 79 anos e meio para os homens e de 85 para as mulheres. No entanto, nenhum humano até hoje viveu até os 150 anos, o recorde mundial situa-se em torno de 120 anos. Ora, já existiam na Antiguidade idosos longevos, centenários, embora fossem evidentemente menos numerosos do que hoje.

O movimento transumanista só tem um objetivo fundamental: não fabricar um super-homem "aumentado", mas simplesmente alongar o tempo da juventude a fim de retardar tanto quanto possível a morte natural. Evitemos ainda um mal-entendido muito frequente: não se trata, é claro, como muitos acreditam instintivamente assim que ouvem falar de alongar a vida humana, de fabricar um povo de idosos longevos caquéticos em cadeira de rodas, o que teria apenas um interesse limitado. Muito pelo contrário: o transumanismo visa de fato, ao retardar, e até ao inverter certos processos de envelhecimento, permitir que os humanos permaneçam jovens e em boa saúde por mais tempo possível. O objetivo último seria, para começar, nos fazer viver em bom estado 130, 140, e mesmo 150 anos. De um ponto de vista filosófico, tratar-se-ia de conseguir reconciliar enfim juventude e velhice, de desmentir, como disse na introdução, o famoso adágio "Se a juventude soubesse, se a velhice pudesse". Em meus livros, citei com certa frequência esses versos de Victor

Hugo extraídos de seu poema *Booz endormi*, ele mesmo tirado da *Légende des siècles* [Lenda dos séculos], um elogio à velhice que poderíamos dizer "transumanista" *avant la lettre*:

"Booz era um bom senhor e fiel parente;/ Generoso, embora econômico; / as mulheres o olhavam mais do que a um jovem, / Se o jovem é belo, o velho é grande. / O velho que retorna à fonte primeira, / Entra em dias eternos e sai dos dias inconstantes; / Vê-se a chama nos olhos dos jovens, / Nos olhos do velho vê-se a luz."

Grandeza em vez de beleza, luz em vez de chama, são, pelo menos segundo Victor Hugo, ao que uma maior longevidade, como a mencionada pela Bíblia ao citar o nome dos patriarcas que viveram mais de 900 anos, poderia nos dar acesso. Nada é certo, claro, e a hipótese pessimista logo vem ao espírito: e se em vez de engendrar indivíduos mais sábios, o aumento de nossa duração de vida não acabasse, como Rousseau já temia, engendrando "velhos imbecis". Também podemos pensar que pelo menos para uma parte da humanidade, aquela que ama a vida e que sustenta que uma educação ao longo de nossa existência é possível, uma juventude que durasse mais tempo seria um presente maravilhoso. Diante dos seres amados, quem não desejaria vê-los viver por mais tempo, mesmo que a morte esteja sempre no final do caminho? A discussão está aberta, mas quem poderia seriamente afirmar que ela não tem interesse?

3) Completar a luta contra as desigualdades econômicas e sociais com a luta contra as desigualdades naturais

O terceiro traço refere-se muito mais à questão política: depois da luta contra as desigualdades econômicas e sociais conduzidas pelos estados-providências que estabeleceram dispositivos de igualização das condições, já é tempo de lutar também contra as desigualdades naturais. O Estado-providência desempenhou um papel evidentemente essencial na luta contra as desigualdades. Quer nossos filhos sejam ricos ou pobres, eles têm os mesmos professores diante deles na escola ou na universidade, e não conheço nenhum médico que diferencie seus pacientes de acordo com o nível da fortuna deles. Claro, sempre existem vantagens em ser rico, inclusive para certos acessos aos cuidados, mas no essencial, no ensino ou no hospital bem como em muitos outros setores, a luta contra as desigualdades produziu efeitos não negligenciáveis. Segundo o transumanismo, é preciso também, uma vez que já é possível em certos casos, lutar contra as desigualdades naturais. A loteria genética é cega, amoral e injusta. Seu filho é portador de uma malformação, de uma deficiência, de uma doença genética? A responsabilidade não é sua, não foi Deus quem puniu, mas a natureza que "bugou", e se a vontade livre das pessoas pudesse corrigir as calamidades que ela nos distribui de maneira cega, isso não seria um progresso?

Dirão que se trata de eugenismo, e as boas almas logo voltarão a dar seus gritos de pavor diante dessa palavra tabu. É como um reflexo de Pavlov, logo começam a vociferar contra o hitlerismo. Mas isso é demasiado imbecil, pois neste caso trata-se apenas de melhorar o destino de humanos bem menos favorecidos desde o início do que outros ao passar "do acaso à escolha" (*from chance to choice*), ou seja: passar da loteria natural injusta e arriscada à livre escolha de modificá-la pela vontade humana. O projeto transumanista se situa, portanto, no exato oposto do eugenismo exterminador dos séculos passados: não se trata de forma alguma de eliminar os mais fracos, e sim de reparar as injustiças que nos são infligidas por uma natureza cuja principal característica, além de seu caráter profundamente desigual, reside numa indiferença total a tudo o que nos toca e nos afeta.

4) A natureza não é uma entidade sagrada, e muito menos um modelo moral!

É preciso ainda acrescentar que a luta contra as desigualdades naturais supõe que deixemos enfim de considerar a natureza como sagrada, *a fortiori* como um modelo moral. Este é mais um ponto de ruptura com as sabedorias antigas e sua sacralização da ordem natural do cosmos. Por razões que já desenvolvi em outros livros[71], a filosofia, a política e a ciência moderna (a de Newton

---

71. Especialmente em *L'Homme-Dieu ou le Sens de la vie* (1996) [O homem deus ou o sentido da vida. Rio de Janeiro: Difel, 2010], mas também em *Le Nouvel Ordre écologique* (1992) [A nova ordem ecológica. Rio de Janeiro: Difel, 2009].

e mais ainda a de Darwin) nos afastaram da antiga convicção de que a natureza podia ser um modelo moral e político. Desde o Renascimento, com Pico della Mirandola, depois no século XVIII com Condorcet, Rousseau ou Kant, e mais tarde também com a fenomenologia de Husserl e o existencialismo, desenvolveu-se a ideia de que o ser humano não era, ou pelo menos não inteiramente, um ser de natureza, que ele era também um ser de transcendência, o ser de antinatureza por excelência, o único vivente que não é um "autóctone" (etimologicamente: um ser nascido da terra, enraizado no solo), o único capaz de construir uma civilização à distância da terra, de inventar um mundo no qual as ideias de uma perfectibilidade infinita e de uma educação ao longo de toda a vida tornaram-se possíveis precisamente porque a eterna estabilidade da natureza deixava de ser um modelo e dava lugar à historicidade.

E, de fato, nossas democracias estão sempre estabelecendo reformas que vão diretamente contra a seleção natural tão bem descrita por Darwin. Um provérbio africano, pleno de ironia e de humor, descreve bem o que é de fato a natureza, não um cosmos harmonioso como pensavam os Antigos, mas um mundo de forças brutais e de luta pela vida que não deixa lugar algum para uma preocupação humanista com a ética: *Quando se é perseguido pelo leão, é inútil correr mais rápido do que ele, basta correr mais rápido do que o vizinho.* E se este último for velho, com alguma deficiência e doente, é uma baita vantagem! Esta é a verdadeira lógica da natureza aos olhos dos Modernos, uma realidade que Newton e Darwin nos ensinaram a não confundir com a harmonia cósmica que os Antigos nela viam. Eis por que, ao contrário do modelo cosmológico que as sabedorias antigas têm em mente, viver bem, para os pensadores herdeiros das filosofias da liberdade e da perfectibilidade, é justamente não viver sempre em acordo com o universo natural, é ser capaz de se libertar dele, e mesmo de combatê-lo se necessário, e isso em todos os campos da vida humana, médico, político, científico, filosófico, estético, moral e mesmo espiritual. Claro está que tudo o que inventamos de mais belo desde o nascimento de nossos Estados-providência em termos de proteção dos mais fracos é radicalmente antinatural: quer se trate de nossos sistemas de aposentadoria, da gratuidade dos cuidados, da luta contra as desigualdades, da proteção das pessoas com deficiência, mas também dos progressos da democracia e da medicina moderna, nada disso está conforme à seleção natural.

O que não significa, evidentemente, que a natureza seja em si má, ainda menos que se deva maltratá-la, não proteger esse entorno fora do qual não poderíamos mais viver. E no mais, é óbvio que somos *também* seres de natureza, ou seja, mamíferos. Além disso, existe uma beleza natural, e mesmo uma verdadeira inteligência dos ecossistemas que somos incapazes de igualar e que nossas intervenções brutais geralmente só causam danos irreversíveis. O fato é que cabe a nós, seres humanos, escolher no seio dessa natureza o que amamos – a beleza, justamente, a perfeição de certos seres, a harmoniosa regulação da qual por vezes ela dá prova –, e o que buscamos combater ou evitar – os vírus nocivos, a célula cancerosa, os tsunamis... ou os males da velhice como bem indica a proliferação dos cuidados cosméticos e das academias de ginástica que o mundo ocidental não para de desenvolver. Se um casal tem por infelicidade um filho com uma patologia mortal, por exemplo uma doença monogênica em que um único gene está mutado (danificado) e se, graças à técnica CRISPR, a tesoura molecular, é possível cortar esse gene e substituí-lo por um gene saudável, é preciso fazê-lo, pois o genoma humano não é nem sagrado, nem intocável. Vamos mais longe: se a medicina pode me dar um coração (ou outro órgão) melhor e mais eficiente do que aquele que meus pais me deram, se esse melhoramento me dá chances de uma vida mais agradável e de uma juventude mais longa, por que deveria absolutamente dispensá-la por causa de uma lei natural de origem divina que os humanos não teriam o direito de modificar?

5) Autonomia contra heteronomia

Sim, é verdade, e digo de coração, o poder das GAFAMI representa um problema ao republicano que sou. Defendo desde sempre o liberalismo na esfera econômica, pois é o único sistema produtor de riquezas e que, para poder dividi-las, é melhor produzi-las primeiro. Nem por isso sou menos apegado ao papel do Estado na definição do bem comum, porque é sempre ele que encarna (ou pelo menos deveria encarnar) o polo do interesse geral diante dos interesses particulares que dominam a sociedade civil. Sou, portanto, daqueles que desconfiam de oligopólios que se tornam tão poderosos que escapam a qualquer controle político. No entanto, o transumanismo se apoia numa lógica tipicamente democrática, aquela que consiste em ir da heteronomia à autonomia, a passar daquilo que se impõe a nós do exterior como uma fatalidade ao que nós escolhemos livremente fazer acontecer. Nesse sentido, quaisquer que sejam as empresas que o financiam nos Estados Unidos ou na China, sua dinâmica, que consiste em dar aos indivíduos mais liberdade e mais poder sobre seu destino, parece-me legítima. A exemplo do casamento por amor, escolhido livremente em vez de ser imposto de fora pelos pais ou pelos vilarejos como era antes o casamento de conveniência, ele se inscreve no grande movimento democrático que tenta reduzir cada vez mais a proporção do que nos determina de fora, em detrimento de nossa livre vontade. Isso não significa, evidentemente, que ele não deva ser enquadrado e regulado por leis, como toda liberdade, mas apenas que não tem *a priori* nada de antidemocrático de modo que assimilá-lo a um neoliberalismo desenfreado, e mesmo ao eugenismo nazista, é, devemos admitir, de uma extrema imbecilidade.

6) A impossível busca da imortalidade. Do transumanismo ao delírio pós-humanista, ou da IA fraca à IA forte

E então nos tornaremos imortais? Vamos baixar nossa consciência e nossa memória em espécies de *pen drives* USB? Claro que não e por uma razão de fundo: sem alguma biologia, sem organismo vivo, uma máquina será para sempre incapaz de sentir seja o que for, quer se trate de uma emoção ou de um pensamento. Sem dúvida ela poderá imitar o humano, fazê-lo cada vez melhor, nunca porém "viver" o que vivemos em termos de consciência de si e de emoções inseparáveis do vivente. São, no entanto, essas fantasias que os críticos do transumanismo costumam destacar a fim de construir um adversário contra o qual a vitória é fácil. Os humanos, por natureza, são encarnados num corpo biológico necessariamente efêmero e frágil. Ainda que conseguíssemos um dia viver 150 anos em boa saúde, sempre acabaríamos morrendo segundo o modelo do aparelho de chá da avó, como gostava de dizer meu amigo Jean-Didier Vincent: sempre chegará o dia em que alguém deixará cair uma peça no chão e ela se quebrará. Além disso, colocar fim voluntariamente a seus dias sempre será uma possibilidade – o que os deuses imortais não poderiam conjeturar. Em contrapartida, se conseguíssemos fabricar uma pós-humanidade dotada de uma IA forte, uma máquina dotada de livre-arbítrio, de consciência de si e de emoções humanas, o que certos pesquisadores do Google designam como um ponto de singularidade, então teríamos criado uma nova espécie inteligente potencialmente imortal. Como escreve Aurélien Jean, pesquisadora do MIT e grande especialista dos algoritmos, a ideia vem da ficção científica, não da ciência, o que não a impede de ter uma certa utilidade ao fixar à pesquisa uma espécie de ponto de fuga ou, para falar como Kant[72], de "ideal regulador[73]". No entanto, muitos acreditam nisso ou fingem acreditar no Silicon Valley. Por que o que para mim é delirante lhes parece, ao contrário, absolutamente plausível?

Para compreendê-los é preciso saber que eles partem de uma visão de mundo e do ser humano "materialista", no sentido filosófico do termo, o que significa que para eles já somos máquinas, máquinas vivas, sofisticadas, complicadas, dotadas de bilhões de neurônios, mas máquinas mesmo assim. Para um autêntico materialista, não há então, ao contrário por exemplo de um crente, de um

---

72. É nesse mesmo sentido que Kant já falava, no *Apêndice à dialética transcendental*, da ciência acabada (da ideia de um sistema completo de todos os conhecimentos) como de um *focus imaginarius*, um ponto de fuga, certamente imaginário, mas ainda assim útil como ideal assintótico guiando o trabalho dos cientistas. A mesma ideia é retomada por Kant em sua introdução à *Crítica da faculdade de julgar*.

73. *"O fato é que*, escreve Aurélie Jean em seu livro *De l'autre côté de la machine* [Do outro lado da máquina] (2019), *a IA forte ainda não existe e certamente nunca existirá. No entanto, é visando esse 'ponto de singularidade' que nós, cientistas, podemos dar passos gigantescos em nossa compreensão do mundo. [...] Embora eu saiba que um robô nunca será capaz de sentir uma emoção, focar nesse ponto de singularidade ajuda os cientistas a avançar nas pesquisas para simular da melhor maneira uma emoção."*

lado uma alma que vai voar para o céu quando o corpo estiver morto, e de outro um organismo material. Como em Espinosa, que muitas vezes lhes serve de referência, a alma e o corpo são uma única e mesma "coisa". É o que chamam de "monismo". Além disso, os materialistas monistas têm um argumento forte (e bobo) para mostrar que o cérebro e o pensamento são uma única e mesma realidade: se eu destruo seu cérebro, dizem de bom grado, você perceberá que pensará com muito menos clareza, também será difícil encontrar o que curiosamente você chama de "alma". Também por essa razão eles pensam que como a consciência e a vida saíram um dia da matéria inanimada, da famosa "sopa primordial", certamente um dia ou outro conseguiremos fabricar conexões de neurônios artificiais tão complexas e eficientes que elas poderão engendrar uma consciência, a chamada "inteligência artificial forte", e por conseguinte com ela uma nova forma de vida dotada de consciência e de emoções, em suma: uma "pós-humanidade". Claro está que não creio nem por um segundo nessa hipótese altamente extravagante, por isso apresento aqui somente os debates levantados pelo transumanismo propriamente dito, deixando de lado aqueles referentes ao pós-humanismo e que, para mim, não apresentam muito interesse.

A inversão dos processos do envelhecimento celular: os trabalhos de Yamanaka e Lemaitre

Como demonstrou Jean-Marc Lemaitre, cujos livro e trabalhos foram citados na introdução deste livro, uma das principais causas do envelhecimento reside na "des-programação celular". Se quisermos ir além dos debates que, a pretexto de filosofia, são na verdade apenas ideológicos, ao mesmo tempo enviesados e subinformados, e até alimentados por essas incontáveis *fake news* que circulam nas redes sociais, se quisermos realmente compreender a revolução em andamento em termos de luta contra o envelhecimento, é melhor ter em mente algumas bases de biologia, um conhecimento mínimo necessário que eu gostaria de apresentar aqui de forma acessível a todos, inclusive àqueles que nunca tiveram aula de "ciências naturais" ou que as esqueceram. E como as células-tronco desempenham o papel principal nesse assunto, começaremos com elas, pois compreendendo sua função compreenderemos também o vínculo existente entre medicina reparadora e luta contra o envelhecimento.

Algumas bases para compreender a revolução em andamento em termos de longevidade

As células-tronco são células por assim dizer "originais", ainda indiferenciadas, isto é, ainda não engajadas na fabricação de um dos 220 tipos celulares particulares que compõem um corpo humano. São células ao mesmo tempo capazes de se autorrenovar e de gerar células especializadas por diferenciação celular mantendo-se inalteráveis no organismo[74]. As células-tronco estão presentes

---

74. Por divisão simétrica dando duas células-filhas idênticas (ou divisão assimétrica dando duas células-filhas diferentes).

em todos os seres vivos multicelulares. Desempenham um papel central no desenvolvimento dos organismos assim como na manutenção de sua integridade ao longo da vida. São de alguma forma as "células-mães" de todas as outras células. Bem no início da vida, elas permitem o desenvolvimento completo de um ser humano, depois, no decorrer da vida, como uma reserva natural, a reconstituição de nossos estoques de células especializadas.

Nosso corpo é constituído por cerca de 100 trilhões de células. Vinte bilhões dessas células morrem todos os dias e são substituídas. Perto de 20 milhões de células se dividem em duas células-filhas a cada segundo. Cada célula contém por volta de um metro de DNA constituído de 23 pares de cromossomos, e tudo está empacotado no núcleo das células cujo diâmetro é de um tamanho infinitesimal. É preciso saber que até os anos de 1960 pensava-se (erradamente) que uma célula podia se dividir um número ilimitado de vezes. Sabemos hoje que nossas células diferenciadas dividem-se por mitose somente um pequeno número de vezes – entre 40 e 80 no decorrer de sua vida. Infelizmente, ao longo dessa divisão acidentes de percurso podem ocorrer, capazes de engendrar envelhecimento e patologias diversas (por exemplo cânceres).

Para compreender o que vem depois, é, portanto, essencial ter uma ideia bastante clara dos diversos tipos de células-tronco e de suas diferentes potencialidades. Existem quatro tipos, indo das que têm o maior potencial (as "totipotentes": literalmente que "podem tudo") até as que são apenas unipotentes" (podem só fabricar um tipo de tecido). Porém, mais uma vez, deixemos claro que foi somente nos anos de 1960 que começaram a descrever essas células-"mães" cuja existência antes era ignorada, assim como, evidentemente, a função:

a) As primeiras células-tronco são chamadas de "totipotentes" e na verdade designam apenas o ovo fecundado ou suas primeiras divisões (até o quarto dia). São chamadas de "totipotentes" porque são as únicas que podem engendrar um organismo completo (um embrião com seus anexos embrionários que permitem sua implantação e seu desenvolvimento). São, portanto, as utilizadas numa reprodução medicamente assistida (RMP) ou numa clonagem reprodutiva num animal.

b) Em seguida vêm as células-tronco chamadas "pluripotentes" ou "ES" (em inglês, para "células-tronco embrionárias"). São elas que vão produzir os 220 tipos de células diferenciadas ou especializadas que compõem o corpo humano, inclusive as células germinativas. Com efeito, nosso corpo se compõe de células diferentes, as células do coração, do fígado, dos cabelos, dos ossos, da medula etc., não sendo idênticas entre elas[75]. Observaremos

---

75. São as chamadas células "IPS" – em inglês, para "células pluripotentes induzidas" – quando elas são "induzidas" (reproduzidas) a partir de células diferenciadas da pele (os "fibroblastos") como foi o caso pela equipe de Yamanaka, o Prêmio Nobel 2012 cujos trabalhos já evocamos na introdução deste livro. Lembremos que, pela primeira vez na história, ele consegue inverter o processo de diferenciação celular numa caixa de cultura, uma proeza contudo prenunciada pelos trabalhos de John Gurdon desde 1961,

que a pluripotência é um estado transitório do desenvolvimento embrionário que é possível capturar sob a forma de linhagens celulares.

c) As células-tronco chamadas de "multipotentes" são as que já são muito mais "determinadas", "especializadas" ou "diferenciadas" (termos aqui sinônimos), isto é, engajadas em certas direções: elas só podem produzir determinadas células (as células-tronco do sangue podem por exemplo produzir glóbulos vermelhos, linfócitos B, T, macrófagos, mas não células musculares...).

d) Por fim, as células-tronco unipotentes só podem produzir, como o nome indica, um tipo de células. É o caso por exemplo das células-tronco chamadas de "queratinócitas" que se diferenciam apenas em "queratinócitos" formando nossa epiderme.

Não entremos em tantos detalhes. O importante é saber que guardamos células-tronco durante toda a vida (no intestino, na pele, na medula óssea etc., mas também, boa notícia, no cérebro). O problema é que elas diminuem não somente em número e em qualidade, mas sobretudo que elas perdem sua pluripotência no decorrer da embriogênese: as multipotentes e as unipotentes que conservamos podem reparar um ferimento, mas não po-

---

no decorrer das primeiras experiências de clonagem por transferência de um núcleo de célula diferenciada adulta num ovo enucleado. Ao contrário das células pluripotentes do blastocisto do qual se originam, as células ES se caracterizam por sua autorrenovação ilimitada em condições de cultura apropriadas que bloqueiam o engajamento na diferenciação.

dem fabricar uma "peça de reposição" completa, *a fortiori* não um organismo inteiro (mais adiante veremos, no entanto, que certos animais, por exemplo a planária ou certas medusas, guardam essas células pluripotentes durante toda a vida, o que as torna praticamente imortais). Acrescentemos que ao contrário do que ocorre por exemplo com a hidra (que tem as mesmas características da planária, mas que além disso se regenera automaticamente sem descontinuar), nossas células-tronco adultas só recomeçam a trabalhar quando necessário, por exemplo na reconstituição dos tecidos lesionados no caso de um ferimento, senão elas permanecem em repouso em seu nicho e só reiniciam se forem reativadas. Como escreve Jean-Marc Lemaitre no livro já citado e cujas linhas gerais sigo aqui, existe, portanto, um elo muito direto entre o envelhecimento e a erosão do número e da qualidade das células-tronco em nosso organismo:

"São as células-tronco que, na idade adulta, nos permitem reparar nossos tecidos danificados, desde que, no entanto, elas se mantenham em número e que não tenham envelhecido demais. O problema é que, no ser humano, o número de células-tronco diminui com a idade e que sua capacidade de restaurar os tecidos se reduz. A apoptose (o suicídio celular) e a perda de suas capacidades de se autorrenovar são responsáveis pela diminuição em número. Sua entrada em senescência ou seu envelhecimento por desprogramação favorece sua perda de capacidade de se autorrenovar e de se diferenciar para renovar nossos te-

cidos. Alguns pequenos modelos animais como a planária contrastam com esse esquema [...]. Observa-se com a idade o esgotamento do estoque de células-tronco e de suas capacidades que permitem a renovação e a regeneração dos tecidos alterados. A origem disso encontra-se na taxa de renovação das células-tronco adultas no interior de seus nichos no organismo onde estão estocadas, mas também na sua destruição em apoptose em decorrência dos diferentes estresses celulares sofridos ao longo da vida [...]. Quanto à capacidade das células-tronco de se diferenciar, ela também é impactada."

O envelhecimento do sistema imunológico, o aparecimento das doenças da idade tais como a osteoporose, a diminuição das cartilagens, o aumento da gordura e a perda de massa muscular, estão assim ligadas à diminuição do número de células-tronco bem como ao enfraquecimento de sua capacidade de diferenciação[76]. Como já relembramos algumas dessas bases, entremos agora no

---

76. Como Lemaitre também aponta: *"Por exemplo, a diferenciação das células-tronco hematopoiéticas na linhagem mieloide é reduzida. Fabricamos então menos linfócitos B e T com a idade, o que explica a diminuição da eficácia do sistema imunológico. Da mesma forma, as chamadas células-tronco mesenquimais chamadas de 'multipotentes' encontradas na medula óssea, que são normalmente capazes de se diferenciar em osteoblastos (fabricando osso), em condrócitos (na origem da cartilagem) ou em adipócitos (produzindo células adiposas), privilegiam com a idade certas capacidades de diferenciação, elas perdem a capacidade de fabricar cartilagem e diminuem sua capacidade de reconstruir o osso, favorecendo a produção de células de gordura. A osteoporose é a primeira ilustração disso. [...] O número de células neurais também se restringe associado a uma baixa da neurogênese no cérebro envelhecido".*

coração dos trabalhos de Jean-Marc Lemaitre. Eles partem de uma análise das duas causas principais do envelhecimento, duas causas que só recentemente foram descobertas: de um lado a "desprogramação" das células e, de outro, a senescência celular. Esses dois pontos devem ser o foco de atenção se quisermos retardá-lo a fim de viver mais tempo jovem e em boa saúde.

O envelhecimento celular por "desprogramação": a passagem do genoma ao epigenoma, chave do envelhecimento

Todos os dias os tecidos que compõem nosso organismo precisam ser regenerados, mas o ambiente é por vezes hostil. O estresse pode ser interior (a divisão celular é em si estressante e ela pode ocasionar alterações) ou exterior (infecções virais ou bacterianas, poluentes diversos, radiação etc.), conduzindo a uma alteração do programa de expressão dos genes essencialmente regulado pelo chamado "epigenoma". Diz-se então que as células se "desprogramam" e é a primeira causa do envelhecimento. O essencial aqui é uma boa compreensão do que vem a seguir: no processo de diferenciação que vai permitir à primeira célula (o ovo) produzir os 220 tipos de células que formam os tecidos de nosso organismo, certos genes constitutivos de nosso DNA inicial vão ser muito mais expressos e outros, ao contrário, muito mais reprimidos, sendo o chamado "epigenoma" o resultado desse processo[77]. O problema é que o epigenoma muda ao longo da vida, ele envelhece, e isso ocorre de duas maneiras: do exterior por um certo número de fatores ambientais, mas também do interior pela repetição da divisão celular e dos estresses que ela gera. Este é um ponto bastante crucial destacado por Lemaitre:

"O programa estabelecido durante o desenvolvimento é normalmente fixado por toda a vida, mas percebe-se, todavia, que com o tempo a maneira como os genes se expressam e a maneira como são regulados não é mais exatamente tão fiel, e isso ainda que a célula conserve sua identidade – pode acontecer às vezes que uma mudança de identidade se produza, a célula pode se tornar então tumoral. [...] O epigenoma pode ser influenciado pela alimentação, o modo de vida etc. Ele se modifica em função do ambiente, e com ele a expressão de certos genes. É precisamente o que ocorre quando envelhecemos: a célula sofre um conjunto de estresse por causa de suas atividades pró-

---

77. Como explica Lemaitre, *"quando o embrião se desenvolve, há inicialmente apenas um único genoma, o do ovo, o qual vai gerar os 220 tipos celulares do corpo humano. Chamamos de "programação" a organização específica que estabelece a identidade de cada um dos 220 tipos celulares diferenciados. É durante o desenvolvimento do embrião que se determina a maneira como os genes vão ser expressos ou reprimidos de forma diferente em função de cada um dos tipos celulares e dar a identidade a cada uma das células (célula de pele, célula de coração, célula de fígado, de osso, de sangue etc.). Este é um processo 'epigenético'. A maneira como os genes serão organizados nos cromossomos e no núcleo da célula para permitir sua expressão e a regulação de sua expressão constitui o epigenoma. A identidade da célula resulta da combinação dos genes ativados e dos genes reprimidos que procede da programação epigenética".*

prias, ao contato de diferentes moléculas, e as reparações que ela deve fazer em consequência dos danos acarretam por vezes modificações do epigenoma".

O epigenoma é, portanto, uma camada de informação suplementar que age sobre a ativação, a expressão ou a inibição dos genes em ligação com o ambiente[78]. Para uma boa compreensão do que é o epigenoma em relação ao DNA (o genoma) original, podemos dar o exemplo fascinante da definição do sexo nas tartarugas, ou ainda, da diferença entre rainhas e operárias nas abelhas. Com efeito, é apenas pelo ambiente, neste caso pela temperatura do ovo, que o sexo das tartaruguinhas vai ser determinado, o que mostra bem a importância da dimensão epigenética, isto é, da influência do meio sobre o genoma inicial. Isso também vale para a diferença entre a rainha e as operárias nas abelhas, uma diferença que se deve apenas à alimentação (as larvas de rainha serão alimentadas somente com a geleia real a partir do terceiro dia, en-

---

78. *"O DNA está em contato e enrolado em torno de proteínas dedicadas (as histonas) que garantem sua compactação e cujas modificações estão implicadas na ativação ou na inativação dos genes. Elas constituem o epigenoma. Ele regula finamente a expressão do genoma por meio de todo um conjunto de modificações. Para um animal que vive apenas cerca de 20 dias, como o C. elegans (que possui apenas 959 células que não se dividem no decorrer de sua vida), o fator genético é necessariamente mais determinante do que o componente epigenético cuja importância varia em função do tempo de vida dos organismos. Quanto mais se vive, mais o epigenoma pode estar implicado no envelhecimento e ainda mais quando a cada divisão celular ele deve ser reinstalado de forma idêntica nas células-filhas a fim de manter não apenas a identidade da célula, mas também uma regulação da expressão de nossos genes inalterada".*

quanto as operárias com uma mistura de geleia real e de pão de abelhas). No início, os genomas das rainhas e das operárias são absolutamente idênticos e a diferença entre eles é, portanto, exclusivamente epigenética. Ora, essa diferença epigenética é ainda assim considerável, uma vez que as rainhas vão viver até 20 vezes mais do que as operárias e porque elas podem produzir até dois mil ovos por dia ao passo que seu clone é estéril. Sendo assim, hoje se sabe, ao contrário do que se acreditou durante muito tempo ou que ao menos fora mal interpretado, que pode haver transmissão de caracteres adquiridos, neste caso transmissão de uma inibição ou de uma sobre-expressão de certos genes à descendência às vezes durante várias gerações.

Para resumir o que acabamos de ver, o ponto importante em relação ao envelhecimento é realmente compreender que a célula se danifica por causa dos diferentes tipos de estresse que ela sofre no decorrer de sua vida (portanto, por definição, na dimensão epigenética de sua existência). Ela pode então tomar três caminhos:

1) Primeiro parar sua atividade de regeneração dos tecidos para se autorreparar a fim de retomar em seguida sua atividade normal na renovação dos tecidos orgânicos. Infelizmente, no decorrer dessa autorreparação, ela guarda traços dos efeitos do estresse e ela envelhece, ela se "desprograma" pouco a pouco e garante de forma menos eficaz sua função de renovação do tecido orgânico.

2) Se ela não conseguir se reparar, ela pode em seguida se suicidar. É o que se chama de "apoptose" – do grego *apoptôsis*: "ir em direção à sua queda", como um fruto maduro cai no chão.

3) Por fim, ela pode também entrar em senescência. As células senescentes são células que não se dividem mais e que nem por isso morrem. Elas perderam a capacidade de se autodestruir por apoptose e precisam do sistema imunológico para fazê-lo. Como veremos a seguir, elas têm várias funções, uma positivas, mas outras bastante negativas, que desempenham um papel muito importante no envelhecimento.

A entrada em senescência das células e seus efeitos diversos

Aqui também é preciso saber que os progressos realizados no conhecimento das células senescentes são muito recentes, uma vez que a existência delas só foi revelada *in vitro* por Hayflick e Moorhead em 1971, numa cultura de células, e mais tarde *in vivo*, apenas em meados dos anos 1990 pelos trabalhos de Judith Campisi. A entrada em senescência é um mecanismo de resposta aos estresses e danos celulares que vai ter um duplo efeito: desencadear a reparação dos tecidos lesionados, mas também secretar fatores inflamatórios a fim de alertar o sistema imunológico para que ele inicie uma necessária destruição por meio das células do sistema imunológico como os macrófagos[79], que são os "lixeiros do organismo", ou ainda por meio das células chamadas "NK" (*natural killer*: "matadoras naturais"), linfócitos do sistema imunológico capazes de matar células tumorais ou infectadas – salvo quando, infelizmente, o sistema imunológico também envelheceu e é menos eficiente com a idade, ele não consegue mais reparar corretamente os sinais inflamatórios de forma que as células senescentes se acumulam nos tecidos, criando uma inflamação crônica e consequências consideráveis nas patologias do envelhecimento[80].

As células senescentes têm, pois, efeitos paradoxais: de um lado, o que é positivo, elas continuam a reparar de maneira indireta os tecidos danificados (embora não se dividam mais), mas ainda assim, no decorrer da reparação, elas engendram efeitos desastrosos. Quando um tecido é danificado por um ferimento, células entram em senescência e começam a repará-lo, por exemplo reorganizando as fibras que estruturam o tecido, mas ao mesmo tempo, no decorrer dessa operação, no entanto benéfica,

---

79. Na salamandra, como o sistema imunológico não se danifica com a idade, elas são destruídas, o que permite a esse pequeno animal simpático envelhecer menos aproveitando do aspecto reparador das senescentes!

80. *"Nestes últimos anos, várias equipes mostraram que a senescência induz a sobre-expressão de diferentes genes e que vários codificam proteínas secretadas, potencialmente capazes de alterar as células ao redor e seu ambiente. Os fibroblastos senescentes secretam moléculas que contribuem tanto para iniciar um mecanismo de reparação do ferimento quanto a inflamação do tecido lesionado modificando de maneira positiva e negativa o microambiente de suas vizinhas. A inflamação tem de positivo o fato de permitir ao sistema imunológico reparar os danos e se mobilizar para suprimir as células senescentes e suprimir a fonte dessa inflamação."*

elas secretam fatores inflamatórios. Ora, normalmente, esses efeitos negativos deveriam funcionar como sinais enviados ao sistema imunológico para que este se encarregue e comece a destruí-las. Mas como o sistema imunológico também envelheceu, pois não funciona mais tão bem e não consegue mais destruí-las, essas malditas células se acumulam nos tecidos e secretam (com seu "secretoma[81]") efeitos mais e mais deletérios (artrose, osteoporose, sarcopenia, arteriosclerose, catarata, e mesmo cânceres). Elas são então capazes de reparar e de alertar o sistema imunológico de sua presença, mas os mecanismos acionados só são benéficos se forem transitórios, eles são em contrapartida deletérios quando se tornam crônicos ou permanentes em razão das falhas do sistema imunológico.

Como reprogramar? A busca dos fatores de reprogramação que permitem regenerar as células adultas que estão envelhecendo e até mesmo senescentes

Foram os trabalhos do Prêmio Nobel de medicina, Shinya Yamanaka, encontrando uma estratégia simples para produzir células-tronco pluripotentes induzidas a partir de células adultas diferenciadas, que permitiram

---

81. *"As células comunicam com seu ambiente contactando-se entre si mas também secretando fatores de comunicação sós ou empacotados nessas vesículas extracelulares ou exossomas que veiculam mensagens nucleicas ou proteicas."*

a Jean-Marc Lemaitre fazer também uma descoberta fundamental sobre a luta contra o envelhecimento. Para se diferenciar, as células-tronco devem, com efeito, inibir a expressão de certos genes ou, ao contrário, sobre-expressar outros. Sem entrar aqui nos detalhes, podemos dizer que foi refletindo sobre esse processo que Yamanaka pôde identificar quatro genes de reprogramação de células adultas diferenciadas. Ao compará-las com células-tronco, ele percebeu que havia 24 genes muito fortemente expressos nas pluripotentes, e muito fracamente, e até mesmo sem nenhuma expressão, nas células pouco diferenciadas (fibroblastos) que ele examinava. Daí a ideia de procurar nesses 24 genes os fatores de reprogramação. Eis o que diz a esse respeito Jean-Marc Lemaitre no livro já citado:

"*Em consequência, Yamanaka e sua equipe haviam começado a introduzir esses 24 genes na célula adulta efetuando todas as combinações possíveis a fim de tentar transformá-la em célula pluripotente. [...] Yamanaka buscava obter assim o 'coquetel mínimo' capaz de funcionar para a reprogramação. Ele conseguiu então determinar um coquetel de quatro genes sobre-expressos nas células-tronco embrionárias e cuja reexpressão na célula adulta parecia necessária e suficiente para convertê-la em célula pluripotente. Concretamente, a técnica utilizada consistia em fazer penetrar um vetor viral capaz de se integrar ao genoma da célula e contendo uma cópia de cada um dos quatro genes a fim de que eles ali se expressem de maneira forte.*"

No início, o trabalho de Yamanaka não visava "tratar" do envelhecimento, inscrevia-se apenas no contexto da medicina reparadora. Contudo, Yamanaka estava convencido de que o que ele conseguira fazer com células adultas diferenciadas era, no entanto, impossível com células senescentes. Lemaitre, ao contrário, considerava que se era possível reprogramar células diferenciadas de adultos em pluripotentes, isso também seria possível com as senescentes, o que evidentemente teria um impacto importante na luta contra o envelhecimento, e não apenas no campo da medicina reparadora. Ele decidiu então trabalhar sobre as células que estão envelhecendo "desprogramadas", e mesmo sobre as absolutamente senescentes dizendo-se que se fosse possível reprogramá-las em células-tronco pluripotentes, talvez fosse então possível rejuvenescê-las, e de alguma forma cogitar um dia "curar a velhice" tratando-a como uma patologia entre outras.

No entanto, má notícia para ele, em 2009 foram publicados seis artigos, um em seguida ao outro, em revistas científicas das mais sérias, explicando que era impossível, e que a senescência constituía uma barreira intransponível à reprogramação. Sem detalhar demais sua pesquisa (que pode ser lida em seu livro), digamos apenas que inspirando-se nos trabalhos de outro cientista, James Thomson, que também conseguira reprogramar células diferenciadas em pluripotentes com genes diferentes daqueles utilizados por Yamanaka, e combinando os dois coquetéis, neste caso acrescentando dois genes de Thomson aos quatro de Yamanaka, Lemaitre conseguiu inesperadamente, e ao contrário do que pretendiam os seis artigos em questão, reprogramar células de centenários, não apenas diferenciadas mas de fato senescentes!

Para que o projeto de "tratar da velhice" enfim se concretize, faltava só demonstrar que era possível não apenas reprogramar as células desprogramadas e as células senescentes, mas também que era possível rediferenciá-las em células com a fisiologia rejuvenescida. E isso foi feito! Faltava ainda um último passo a ser dado. Com efeito, para que regenerar células se não se pode regenerar os organismos inteiros? E é nesse ponto que Lemaitre compreendeu que era preciso, para conseguir um dia realizar essa proeza, rejuvenescer as células sem, no entanto, voltar a diferenciá-las totalmente:

"O segundo projeto promissor (depois da reprogramação das células senescentes em células pluripotentes) que me parecia acessível era rejuvenescer as células sem chegar a transformá-las em células pluripotentes, concebendo então uma reprogramação transitória visando dar um toque de juventude às células sem mudar sua identidade. [...] A ideia era encontrar um meio de reprogramar as células e de rejuvenescê-las para que elas regenerassem melhor os tecidos. Tratava-se simplesmente de apagar as marcas do envelhecimento. Poderíamos até imaginar a possibilidade de lançar uma reprogramação num órgão, num tecido, ou mesmo, por que não, num indivíduo inteiro, sem ser obrigado a pegar uma célula, transformá-la numa célula plu-

ripotente para diferenciá-la e voltar a injetá-la a fim de regenerar um órgão. Tratava-se de encontrar um meio de desencadear uma reprogramação sem mudar a identidade da célula, com o objetivo de rejuvenescer e de regenerar o organismo como um todo".

Uma dupla estratégia para lutar contra o envelhecimento parece então possível: 1) controlar a senescência destruindo as células senescentes com a ajuda das moléculas chamadas de "senolíticas" e 2) reprogramar as células danificadas/envelhecidas para rejuvenescê-las, mas conservando, no entanto, sua identidade ligada à sua diferenciação (portanto sem chegar a torná-las pluripotentes). Eis a passagem do livro de Jean-Marc que me parece a mais clara e fundamental sobre este ponto:

"Nosso último estudo, submetido à publicação, demonstra claramente que isso é possível num organismo inteiro, neste caso o de um camundongo de laboratório. Se a reprogramação é lançada no conjunto das células do organismo de maneira controlada, não só se observa um 'rejuvenescimento celular', mas quando essa reprogramação é realizada cedo na vida do camundongo (depois da adolescência se transpusermos para os humanos), seus efeitos benéficos perpetuam-se ao longo da vida (em seres humanos o equivalente até por volta dos 80 anos) e aumenta-se a longevidade dos camundongos em 15%. O mais inacreditável é que essa reprogramação melhora a fisiologia do animal ao longo da vida. Os animais apresentam um melhoramento

do metabolismo com uma manutenção da massa muscular e uma diminuição do ganho de massa gorda. Com o equivalente a 80 anos, sua força e sua mobilidade são consideravelmente melhoradas e, acima de tudo, o conjunto dos tecidos também. Observamos uma pele incrível, e entre as patologias ligadas à idade vimos que as fibroses pulmonar e renal estavam reduzidas, bem como a artrose e a osteoporose. É fácil imaginar que alguns melhoramentos suplementares deveriam também aumentar esse rejuvenescimento fisiológico. [...] As possibilidades abertas pela medicina regenerativa são imensas. Tudo está agora pronto para a concepção e a realização desta abordagem terapêutica global do envelhecimento. [...] Meu projeto é implementar uma estratégia anti-idade global focando nessas duas chaves do envelhecimento que são a senescência celular e a desprogramação epigenética. [...] Hoje já é possível esperar um ganho de 30% na expectativa de vida em boa saúde pela implementação de um tratamento desse tipo aliado a estratégias de prevenção habitualmente citadas nas pesquisas sobre o envelhecimento".

É interessante observar, e é um bom argumento a favor dessa estratégia, que a natureza de certo modo já inventou o que os artifícios da medicina moderna hoje tentam recuperar. De fato, existem no mundo real (e não apenas em laboratório) animais "fantásticos" que em termos de regeneração e de longevidade mostram o caminho a seguir, nesse sentido eles são alvo de estudos cada vez mais numerosos e atentos em todo o mundo.

Animais fantásticos: planária, salamandra e
*rato-toupeira pelado (*Heterocephalus glaber,
seu nome científico)

Talvez o mais singular deles seja a planária. Com efeito, basta um pequeno grupo de células do primeiro indivíduo para refazer um indivíduo completo com o mesmo DNA do primeiro. Só muito recentemente conseguiu-se compreender o mecanismo dessa regeneração excepcional: a planária possui na idade adulta células-tronco pluripotentes que lhe permitem refazer o indivíduo completo, exatamente como fazem nossas células-tronco originais durante o desenvolvimento do embrião. Simplesmente, essas células-tronco, que estão então preservadas na planária em seu organismo na idade adulta, começam a se proliferar quando ela sofre uma agressão. Eles migram então para os ferimentos e, ao se diferenciarem, produzem todos os tipos celulares necessários para a reconstrução do organismo. Já em 1898, Thomas Morgan havia demonstrado que cada fragmento saído de uma planária cortada em 276 pedaços dava origem por regeneração a uma nova planária, mas naquela época distante, em que se ignorava tudo sobre células-tronco e seu papel, evidentemente não se conseguia explicar esse "milagre".

A hidra também é um desses animais fantásticos que se regeneram constantemente. Isso também vale para uma pequena medusa que rejuvenesce e até volta ao estado de pólipo em caso de estresse ou depois de ter se reproduzido (um pouco como Benjamin Button cujo modelo Woody Allen gostaria de seguir porque sua vida começa pela velhice e caminha para a juventude...). Esse animal é ainda mais fascinante porque volta a ser uma medusa adulta quando o estresse desaparece, o que lhe permite ter várias vidas (ela também pode morrer de doença ou de agressão, ao contrário da planária, que é praticamente imortal). O mais extraordinário é que ela parece de fato capaz, segundo os últimos estudos realizados por biólogos japoneses em 2021, de desdiferenciação celular e de rediferenciação celular, o que constituiria um modelo único e perfeito de rejuvenescimento.

Entre os vertebrados, a salamandra também fascina os biólogos há séculos. O que é impressionante na regeneração, por exemplo, de uma de suas pernas, é que seus membros são análogos aos de um ser humano, uma vez que existem ossos, nervos, músculos, tendões, vasos sanguíneos, ligamentos, gordura etc., mas ela pode, ao contrário dos humanos, formar um grupo de células-tronco capaz de regenerar todos os tecidos que acabamos de mencionar. Isso também vale para o peixe-zebra, que possui características semelhantes à salamandra. Descobriu-se que as células senescentes estavam de fato implicadas nesse processo de reparação, mas também se sabe que as secreções inflamatórias que elas engendram desencadeiam uma resposta do sistema imunológico, neste caso uma eliminação das células senescentes por macrófagos que, ao contrário do que acontece conosco, permaneceriam eficazes durante toda a vida do animal, o que explicaria também a manutenção de sua capacidade de regeneração apesar do envelhecimento.

Quanto ao rato-toupeira-pelado, ele se tornou uma espécie de modelo para os especialistas em envelhecimento desde que suas incríveis qualidades foram descobertas nos anos de 1960. Não que esteja qualificado para um prêmio de beleza: esse ratinho, do tamanho de um camundongo, com pele de um cinza-rosado translúcido e toda enrugada, completamente desprovido de pelos, quase cego, adornado com dois incisivos salientes e com olhinhos minúsculos, não tem nada de encantador. Ainda assim, suas qualidades compensam amplamente esse defeito, que é, afinal, uma questão de gosto. Ele possui, com efeito, sete características que fascinam os cientistas de todo o mundo, características que as equipes do Google que trabalham no envelhecimento já estudam há vários anos: 1) para começar, ele não envelhece! Certamente, como todos os seres vivos, ele acaba morrendo, mas sem nunca ter adquirido mais rugas do que já tinha ao nascer; 2) sua longevidade é extraordinária, pois pode viver até 35 anos enquanto a vida de um camundongo comum é de cerca de dois anos – o que, se extrapolarmos e se fôssemos dotados das mesmas qualidades, nos permitiria viver vários séculos em perfeita saúde; 3) ele é resistente a todas as formas de câncer com as quais tentam desesperadamente inoculá-lo – o que significa que, por natureza, desde o nascimento, ele é totalmente resistente a essa patologia; 4) aos 30 anos, as fêmeas ainda são férteis, confirmando a espantosa constatação de que esse bichinho acaba morrendo sem nunca ter envelhecido; 5) mais surpreendente, se possível, esse mamífero desafia a famosa lei de Gompertz, nome do matemático que, nos anos de 1820, havia estabelecido que, após os 30 anos, nosso risco de mortalidade continua aumentando com a idade; 6) acrescentaremos ainda que ele parece completamente insensível à dor e que, finalmente, 7) ele pode sobreviver por dezoito minutos quando totalmente privado de oxigênio e voltar à vida normal assim que o ar retorna.

Os biólogos que trabalham nos efeitos da idade e do envelhecimento estão estudando esse rato-toupeira sob todos os ângulos, começando é claro pelo plano genético, com a intenção de um dia compreendermos o que lhe dá essas aptidões fora do comum e de podermos talvez utilizá-las em proveito do ser humano. Eles avaliam, em particular, que ele teria uma atividade senolítica intrínseca à célula, de modo que nem sequer necessitaria de uma resposta imunológica para desencadear sua destruição, o que evitaria as falhas do sistema imunológico com a idade. Ainda estão na fase das hipóteses, mas é claro que a natureza, que sem dúvida tudo inventou, ainda pode nos ensinar muito sobre os processos de envelhecimento e de rejuvenescimento que esses pequenos animais nos deixam entrever.

Como seria de esperar, para além do debate filosófico, o projeto de alongar a vida humana jovem e em boa saúde tem sido alvo, inclusive no plano científico, de numerosas críticas. Entre todos os livros que li em francês, mas também na literatura científica americana e alemã, por sua hostilidade declarada ao transumanismo, um trabalho de dois pesquisadores, Danièle Tritsch e Jean Mariani, pareceu-me particularmente digno de interesse. Infelizmente, ele traz um título bastante vulgar, o que não ajuda: *Ça va pas la tête ! Cerveau, immortalité et intelligence artificielle, l'imposture du transhumanisme* (2018) [Enlouqueceram! Cérebro, imortalidade e inteligência artificial, a impostura do transumanismo]. Apesar desse título, na verdade bastante estúpido, ele atesta competências científicas e qualidades pedagógicas reais. Tem particularmente razão ao insistir que o cérebro é, de todos os órgãos, o mais difícil de rejuvenescer. Embora seja falso dizer que perdemos todos nossos neurônios à medida que envelhecemos, é verdade que eles se danificam com a idade e que fazem parte dessas células cuja duração de vida, ainda que muito longa (até 150 anos), não é, no entanto, infinita[82]. Esse livro, contudo, padece de vários defeitos, tanto na forma

---

82. Sobre esse assunto, ver também o excelente livro de Yves Agid *Je m'amuse à vieillir* (2020).

quanto no conteúdo, que enfraquecem consideravelmente a argumentação.

Uma crítica científica do projeto de lutar contra a velhice e a brevidade da vida

Observaremos antes que, ao contrário do que sugere o título do livro, os cientistas que trabalham no alongamento da juventude e da vida humana, quer na Europa, quer numa filial do Google como a Calico, não são nem impostores nem palhaços, nem autores de ficção científica, como dão a entender Tritsch e Mariani. Para dar apenas um exemplo que, aliás, eles têm de reconhecer, ainda que a contragosto, a bióloga americana Cynthia Kenyon, pesquisadora no MIT, depois professora universitária conhecida mundialmente por seus trabalhos sobre o envelhecimento e agora recrutada pela Calico, foi a primeira a demonstrar, em 1993, que havia genes do envelhecimento e que inibindo-os ou estimulando a expressão de outros genes opostos era possível simplesmente dobrar a expectativa de vida do *C. elegans*, um pequeno verme de laboratório bem conhecido dos biólogos. Esses trabalhos, como outros, ainda mais decisivos, que mencionamos acima, abriram um espaço de pesquisa sobre a longevidade que, evidentemente, todos os que se interessam pelo assunto sabem que levará anos para conseguir[83].

---

83. Mesmo quando Laurent Alexandre declara que o ser humano que viverá mil anos talvez já tenha nascido, sua fala era para ser entendida à

Desde a primeira linha do livro, Tritsch e Mariani alimentam voluntariamente a confusão entre o que eu sempre tive o maior cuidado de distinguir, ou seja, o transumanismo, que é afinal apenas uma continuação do projeto iluminista, e um pós-humanismo que parece ficção científica[84]. Nossos dois autores me honram citando várias vezes meu livro *La Révolution transhumaniste*. É muito gentil da parte deles, mas por que não aproveitaram a oportunidade para lê-lo? Poderiam ter visto, no capítulo intitulado "Humanisme, posthumanisme, antihumanisme" (p. 48ss.), não só que convido, assim como Gilbert Hottois em seu excelente livro *Le transhumanisme est-il un humanisme?* [O transumanismo é um humanismo?] (2014), a distinguir essas noções tão diferentes, mas que me afasto muito claramente dos delírios pós-humanistas de Ray Kurzweil. Alimentar a confusão entre o projeto de aumentar a longevidade humana e o delírio pós-humanista da imortalidade é uma facilidade com a qual infeliz-

---

maneira de uma corrida de revezamento: uma criança que nasce hoje provavelmente terá sua vida consideravelmente aumentada quando ela chegar aos 80 anos, e ninguém pode dizer em que consistirão então as novas possibilidades de regenerescência dos organismos humanos. É claro que a declaração era provocativa, provavelmente teria sido melhor evitá-la no contexto das polêmicas atuais, mas não havia nada de tão estúpido nela quanto seus adversários quiseram fazer acreditar.

84. Aqui estão, como amostra, as primeiras linhas desse livro: *"Amanhã, ele verá no escuro e ouvirá os ultrassons. [...] Suas capacidades intelectuais terão aumentado dez vezes, sua memória será prodigiosa, ele se lembrará de tudo, mesmo aos 100 anos, porque os sinais da velhice terão desaparecido. [...] Depois de amanhã, seu cérebro será transferido para uma máquina e sua mente estará em algum lugar na nuvem, livre desse corpo envelhecido. A invalidez, a velhice e a morte terão desaparecido. Ele será imortal".*

mente a maioria dos críticos do transumanismo concorda e, para falar a verdade, se há impostura intelectual, é mais do lado deles.

Talvez o mais surpreendente nesse livro seja que, a pretexto de denunciar a "impostura transumanista", ele é, contra todas as expectativas, uma das melhores defesas que li! Em suma, nossos dois autores evocam de maneira elogiosa (p. 148) os trabalhos de Cynthia Kenyon sobre a inibição dos genes do envelhecimento, os de Brian Kennedy sobre a insulina (p. 149) graças aos quais esse pesquisador do Buck Institute for Research on Aging conseguiu aumentar em 30% a longevidade do nosso pequeno verme *C. elegans*. Sem dúvida, como eles destacam corretamente, *"ninguém dirá o contrário, o verme não é o ser humano"*... mas, com efeito, ninguém está dizendo o contrário! Em seguida, citam a restrição calórica (p. 150), mas também, o que é muito mais interessante no caso dos mamíferos, as pesquisas sobre a erradicação das células senescentes graças aos senolíticos, uma técnica que faz com que os camundongos ganhem 30% de expectativa de vida em boa saúde, um fato incontestável que eles também são forçados a reconhecer, ainda que muito a contragosto: e como eles dizem, *"isso pode dar certo!"* – certamente os camundongos também não são humanos, mas o que é válido para eles em geral acaba de alguma forma valendo também para nós. Eles evocam ainda as pesquisas sobre os radicais livres e os antioxidantes, sobre o suicídio celular, sobre os exoesqueletos comandados pelo pensamento que devolvem a mobilidade aos paralíticos, sobre os telômeros, extremidades dos cromossomos que protegem nossas células, mas cujo comprimento se reduz a cada divisão, fenômeno que uma enzima, a telomerase, consegue combater, o que obriga nossos autores a reconhecer, novamente a contragosto, que em 2011 pesquisadores de Harvard (também palhaços transumanistas?) *"conseguiram inverter o processo de envelhecimento ao modificar a atividade dessa enzima"!*

Referindo-se ao suicídio celular e à possibilidade de ativar certos genes que levarão as células senescentes a se autodestruírem, nossos dois autores devem igualmente constatar que essa técnica por si só dá resultados fascinantes em camundongos tratados, estes últimos não apresentando por exemplo mais sinais de osteoporose. Além disso, eles recuperam parte de sua massa muscular, são mais hábeis, mais móveis, mais ativos e, *last but not least*, também vivem 30% mais do que os camundongos não tratados, o que obriga nossos autores à seguinte conclusão (p. 156): *"Uma equipe de Harvard, ainda nos Estados Unidos, conseguiu restaurar músculos e artérias de um camundongo muito velho! É como se uma pessoa de 60 anos recuperasse de repente a vitalidade e a musculatura de seus 20 anos! Um verdadeiro sonho! Mas aqui, uma vez mais, a transposição ao humano ainda está muito, muito longe de ser efetiva"*. Com efeito, mas significa dizer que será para sempre impossível? Claro que não! Além do mais, o que significa "muito, muito longe": 10, 15, 50 anos? Ou seja, quase nada em termos da história da humanidade.

E eles continuam, e mais cansativos. Nossos dois autores se esquecem do essencial: simplesmente não levam em conta o que é sem dúvida o mais importante na luta contra o envelhecimento, a saber, a reprogramação das células adultas, e mesmo das células senescentes, em células-tronco pluripotentes induzidas (IPS) ou de maneira transitória, sem mudar a identidade delas, mas com a capacidade de rejuvenescer os tecidos e os órgãos diretamente no indivíduo sem a necessidade de lhe retirar células, reprogramá-las e injetá-las novamente.

Até que ponto a longevidade poderá ser assim aumentada? Existe um limite genético na luta contra o envelhecimento? A verdade é que ninguém sabe nada sobre isso, pelo menos nada que seja aceito consensualmente pela comunidade científica. Alguns pesquisadores acham que existe um limite genético para o aumento da longevidade e que ele estaria em torno de 150 anos, outros avaliam, ao contrário, que é possível que esse limite seja recuado quase indefinidamente com o desenvolvimento das novas técnicas de reprogramação celular que acabamos de mencionar. O debate está aberto. Dir-se-á também que a questão do envelhecimento celular e a do envelhecimento de todo o organismo não são idênticas, o que é perfeitamente exato, mesmo se as experiências com camundongos permitem prever uma passagem de um ao outro. Também aqui, a discussão científica está em curso, mas pretender, como fazem Tritsch e Mariani, e tantos outros com eles mais por ideologia do que por demonstração objetiva, que o projeto de alongar a juventude e, consequentemente, de aumentar a longevidade é uma impostura é não apenas falso como contrário ao verdadeiro espírito científico que, claro, deve ser animado pela dúvida, mas nem por isso refratário *a priori* às inovações e às descobertas, mesmo que disruptivas.

O que afinal se esconde por trás da vontade obsessiva de desqualificar *a priori* o projeto é, na realidade, a lenga-lenga de sempre: a sabedoria não consistiria em aumentar a longevidade, mas em aceitar nosso destino, em viver em harmonia com a natureza e em tentar somente bem viver em vez de viver por muito tempo. No fundo, sempre as mesmas variantes sobre o tema já desenvolvido por Cícero, sobre a ideia de que a longevidade não conta, de que uma vida de 800 anos, como afirma Cícero, em nada seria superior a uma vida de 80 anos. Se esse sofisma fosse justo, o melhor seria então parar bem antes dos 80 anos. Se tomamos a natureza como modelo, por que não o cumprir quando, do ponto de vista biológico, nossa vida já não tem muita utilidade, uma vez que geramos filhos e os criamos até a idade adulta, momento em que eles por sua vez podem se reproduzir e em que nós mesmos começamos a envelhecer? E afinal de contas, se a felicidade e o "bem viver" são o único objetivo de nossas existências, não seria melhor morrer na infância para evitar as agruras da vida adulta, a deplorável obrigação de trabalhar para ganhar a vida, os lutos que se multiplicam ao nosso redor quando envelhecemos, os amores difíceis, os divórcios e outras traquinices da existência que poderíamos de bom grado nos poupar se morrêssemos por exemplo aos dois anos de idade, uma duração de vida que deveria encantar Cícero se seguirmos sua argumentação até o fim...

Segundo algumas pesquisas de opinião, uma maior longevidade, para nem mencionar a imortalidade, horrorizaria nossos concidadãos, pelo menos aqui neste mundo (pois no além, e este os crentes desejam, é verdade que em condições evidentemente diferentes daquelas que a existência terrena nos reserva). No entanto, se quiséssemos realmente que a pergunta feita tivesse sentido e que as respostas não fossem enviesadas desde o início, essas pesquisas teriam de colocá-la com mais clareza do que o fazem: trata-se de viver idoso num estado acamado, ou jovem por mais tempo, em plena forma física, mental e intelectual? Não é bem a mesma coisa... Quando interrogados sobre o alongamento da vida, os franceses logo pensam no bisavô que teve de ser internado num asilo por estar senil, porque tinha perdido todo tipo de autonomia, um futuro que ninguém deseja, nem para si nem para aqueles que amamos. Aposto que se fizéssemos a mesma pergunta esclarecendo bem as coisas, e mesmo se a fizéssemos àqueles que saem do consultório de um médico que acaba de lhes anunciar que o fim está próximo por causa de uma doença grave, o projeto de aumentar a longevidade humana em plena saúde ganharia muitos votos. Quem não preferiria ser um humano "aumentado" em vez de um humano morto? Quando se trata daqueles que amamos, a resposta não deixaria dúvidas. Por amor à vida e aos amados, a tentação de escapar a estes três flagelos que desde sempre estragam nossa existência – a doença, a velhice e a morte – sairia, a meu ver, vitoriosa das resistências, muitas vezes impensadas ou pouco sinceras, que o projeto de alongar a vida com saúde desperta.

De qualquer forma, em vez de pisar no freio, seria melhor pensarmos nisso com seriedade. Pois a questão do aumento do tempo da juventude e, consequentemente, da longevidade, não trará à humanidade somente problemas psicológicos, mas levantará também questões em muitos outros níveis, econômico, demográfico, político...

Um risco de desigualdades econômicas, de explosão demográfica, e mesmo de disparidades geopolíticas?

Depois de dar uma conferência sobre a revolução das biotecnologias para uma plateia de médicos, um deles me fez três perguntas tão legítimas e tão frequentes que considerei interessante respondê-las aqui de maneira mais elaborada do que consegui fazer oralmente. Aqui estão elas: *"1) O melhoramento da longevidade dos seres humanos não tem como objetivo inconfessado a imortalidade? 2) Melhorar a longevidade significa aumentar o número de terráqueos. A Terra poderá alimentar todos esses terráqueos, mesmo com o melhoramento das técnicas agroalimentares? 3) O transumanismo não estará reservado às populações ocidentais, estando então os povos em desenvolvimento fadados ao declínio, e mesmo ao desaparecimento?"* Essas inquietudes são compreensíveis. No entanto, parece-me que são, literalmente, secundárias. Elas vêm *depois* da vontade, partilhada por quase todos os seres humanos, de lutar contra a morte de um ser amado, de um ente querido, para não falar da sua que para muitos de nós, desculpem uma insistência essencial neste debate, acaba sendo menos insuportável do que a de um ser extremamente amado. Ninguém impedirá o projeto de aumentar a longevidade por razões puramente materiais, porque ele vai simplesmente na mesma direção do que a imensa maioria das pessoas considera como "bom-senso", a da vida, da liberdade, da perfectibilidade e do amor. Poucas pessoas realmente gostam de envelhecer e ainda menos de morrer.

Mas para responder mais diretamente às perguntas desse médico não vejo por que os povos em desenvolvimento não deveriam se beneficiar da revolução da longevidade. China e Índia já estão na vanguarda nessas áreas, e mesmo à frente dos americanos no caso da China, nesse sentido a ideia de que as biotecnologias estariam reservadas aos ocidentais não se sustenta. A rigor, é antes o contrário que hoje é preocupante, o desenvolvimento tecnológico dos BATX (o equivalente chinês dos GAFAMI) no campo das biotecnologias e da inteligência artificial estando certamente menos enquadrado em termos ético e político do que nos Estados Unidos, *a fortiori* do que na Europa, como atestam na China não apenas o uso da inteligência artificial para controlar as liberdades, mas também as recentes experiências de manipulações genéticas realizadas por alguns geneticistas chineses fora de qualquer norma moral ou mesmo legal.

Portanto, a questão demográfica parece, *a priori*, a mais pertinente. Duvido, no entanto, que ela impeça os humanos de procurar adiar a velhice e a morte, tanto mais que o mito da superpopulação está desmoronando. Dois pesquisadores canadenses, John Ibbitson e Darrell Bricker, demonstraram num livro recente (*Planète vide*, [Planeta vazio] 2020), apoiando-se nas pesquisas mais recentes no campo da demografia, o caráter inexorável do decrescimento da população mundial. Segundo suas conclusões, ela nunca deveria ultrapassar 8,5 bilhões de indivíduos, pouco mais do que seu número atual. Como essa previsão contradiz tudo o que os ecologistas nos dizem há meio século, seria interessante estudar melhor seus argumentos antes de formar uma opinião. Segundo eles, a estabilização e depois a queda da população estarão ligadas a três eventos planetários: a urbanização, que eleva o custo da moradia e da educação dos filhos; o enfraquecimento do poder das religiões que ocorre em quase toda parte no mundo apesar da resistência do islamismo (uma reação que além do mais é consequência desse enfraquecimento); e mais ainda a emancipação das mulheres: *"Quanto mais uma sociedade se urbaniza, mais as mulheres têm controle sobre o próprio corpo, menos escolhem ter muitos filhos. Na maioria dos países ocidentais, como Estados Unidos e no Canadá, 80% da população vive hoje em dia em cidades onde as mulheres têm um controle quase total sobre a procriação".* A objeção imediata será de que o que vale para os ocidentais não é verdadeiro para o resto do planeta. No entanto, como nossos dois autores mostram apoiando-se em fatos e argumentos, *"a queda de fecundidade não se restringe apenas aos países desenvolvidos. A urbanização e a autonomização das mulheres são fenômenos mundiais. Sabemos que China e Índia estão no limite de reposição ou até abaixo. Este também é o caso de outras nações emergentes: Brasil (1,8), México (2,3), Malásia (2,1), Tailândia (1,5)".* É certo que as taxas de natalidade ainda são muito elevadas na África e em algumas partes do mundo árabe-muçulmano, mas a tendência geral é, no entanto, de queda. Jørgen Randers, um dos cientistas coautores do famoso relatório Meadows que, em 1972, alertava para os perigos de uma superpopulação que ele considerava inevitável, hoje admite ter mudado de opinião e agora concorda com o mesmo ponto de vista desses dois canadenses: *"A população mundial nunca atingirá 9 bilhões, garante. Ela atingirá o pico de 8 bilhões em 2040 e então começará a baixar".* No mesmo espírito, um relatório do Deutsche Bank publicado já em 2013 previa um pico de 8,7 bilhões em 2055, depois uma queda para 8 bilhões no final do século. A própria ONU, influenciada por essas pesquisas, revisa suas previsões para baixo. Além disso, é preciso ter em mente que os avanços das biotecnologias permitirão muito em breve fabricar alimentos em quantidade ilimitada a partir de células-tronco, inclusive das proteínas da carne sem sofrimento animal ou poluição.

Contudo, as biotecnologias que estão em ação na luta contra o envelhecimento são extremamente poderosas. Elas oferecem ao ser humano possibilidades de se transformar, de modificar seu genoma, portanto de se modificar a si mesmo sem que os limites desses poderes novos do ser humano sobre o ser humano sejam *a priori* limitados. Convenhamos: a regulação ético-jurídico-política do mundo vindouro será necessária e difícil.

Eis o porquê.

A questão da regulação: o caso dos bebês transgênicos

Tomemos, para maior clareza, um exemplo na realidade recente, um caso particular mas significativo dessas aventuras biotecnológicas que hoje podem ser preocupantes. Aliás, o mundo da ciência e da ética ficou abalado: em novembro de 2018 fomos informados que um jovem geneticista chinês, He Jiankui, se comprometeu a fazer num embrião humano, neste caso em gêmeos, o que habitualmente se reserva aos cereais e aos animais, ou seja, modificá-los geneticamente. É preciso saber que o custo da técnica utilizada por esse pesquisador é insignificante, que está disponível na *internet* e tecnicamente acessível a um estudante do terceiro ano. Trata-se da famosa tesoura de poda de DNA CRISPR-Cas9, inventada em 2012 por Emmanuelle Charpentier e Jennifer Doudna. Sem entrar nos detalhes, essa já famosa "tesoura molecular" permite, com uma precisão diabólica, modificar a expressão de certos genes, e mesmo destruí-los e substituí-los por outros. Em poucas palavras, no caso, por exemplo, de doenças em que um único gene está "mutado" (miopatia, mucoviscidose, coreia de Huntington, por exemplo), a ideia é "cortar" o gene ruim, substituí-lo por um gene saudável e realizar essa operação no embrião antes do início da divisão celular. As perspectivas abertas por esse tipo de terapia gênica são, portanto, colossais, inimagináveis dez anos atrás.

Se ficássemos só nisso, numa medicina apenas terapêutica, seria difícil encontrar quem pudesse se lhe opor. Mesmo do ponto de vista das religiões, quem desejaria seriamente proibir os pais de preferir uma criança viável a uma criança que vamos amar, e mesmo adorar, mas que sabemos de antemão estar destinada a uma morte atroz antes de chegar à adolescência? O problema é que essa maravilhosa tesoura permite também sair do campo terapêutico para entrar no do melhoramento ou do "aumento" da espécie humana (*enhancement*, para retomar o vocabulário transumanista). Ora, é precisamente o que esse geneticista chinês tentou fazer: ele modificou num embrião saudável o gene que permite ao vírus da Aids se introduzir nas células. Ou seja, ele praticou, sem intenção terapêutica, uma espécie de "vacinação genética", o que suscitou protestos, inclusive entre seus colegas chineses, e isso por três razões: primeiro, porque as modificações feitas no embrião afetam também as células germinativas (óvulos e espermatozoides) e são portanto transmissíveis à descendência, o que significa que se engrena potencialmente uma modificação da espécie; em seguida, porque essa técnica é ainda nova demais para que se domine seus efeitos perversos, que podem ser desastrosos; por fim, porque se saía do campo terapêutico ao passo que existem outros meios de se proteger contra a Aids que modificar o genoma humano.

Apesar disso, podemos defender a ideia de que essa vacinação, por mais aventureira que seja, conserva ainda assim um vínculo com a medicina preventiva tradicional, de modo que, com ela, ainda estamos na primeira temporada dos bebês CRISPR. A segunda temporada chegará com o aumento pura e simples do genoma humano. Tomemos mais um exemplo, o do "rato-toupeira-pelado" cujas particularidades propriamente assombrosas já citamos. Imaginemos – e aqui entramos na ficção científica, sei bem disso, mas é para incitar melhor a reflexão porque uma ficção desse gênero poderia um dia se tornar realidade –, portanto, imaginemos que possamos enxertar os genes desse pequeno mamífero em nós, ou pelo menos modificar os nossos para que de alguma forma se assemelhem aos seus, em suma, suponhamos que por um viés ou outro cheguemos a possuir algumas de suas qualidades, por exemplo uma resistência ao câncer e ao envelhecimento das células. Poderíamos então, como sonham os transumanistas, retardar consideravelmente a morte. É algo certo, provável, impossível, desejável ou não? Todas essas questões estão agora sobre a mesa. Mas o que está claro é que não há nada pior em nossas vidas, especialmente para um ateu, do que a morte de um ser amado. Para impedi-la, estou convencido de que acabaremos aceitando modificar o genoma no dia em que não o fazer nos parecerá como um perigo mortal. Depois da terapêutica e da vacinação genética, entraremos então na terceira temporada dos humanos modificados. Diante da recusa de um luto, dizer como alguns que esse projeto é "infantil" parecerá uma objeção derrisória.

Por que a regulação será difícil e por que a Europa poderia contribuir oferecendo soluções para o resto do mundo...

Nesse sentido vemos que as biotecnologias exigirão certamente uma regulação ética, jurídica e política, mas, também aqui, a lucidez vale mais do que os anátemas e os encantamentos. Certamente, o geneticista chinês que modificou as gêmeas foi finalmente condenado. O fato é que nem todos os países estão, longe disso, na mesma sintonia. Eles estão longe de ter as mesmas preocupações éticas, jurídicas e políticas, de modo que algo proibido aqui, mas autorizado ali, pode ter como efeito principal apenas a promoção do turismo médico. Para dar um único exemplo dessas divergências, segundo uma pesquisa realizada em 2018, 80% dos chineses são favoráveis ao tipo de "vacinação genética" que acabamos de mencionar. Não tenho números para a França, mas aposto que os resultados provavelmente seriam inversos...

A regulação jurídica e moral será, portanto, difícil de implementar, e por três razões fundamentais. Em primeiro lugar, porque as novas tecnologias exigem esforços de compreensão que vão muito além do que se pode razoavelmente esperar de nossos políticos que, com algumas exceções, não têm cultura científica, nem cultura histórica, nem *a fortiori* filosófica – suas competências limitam-se na maioria das vezes à sociologia eleitoral e à comunicação. Em seguida, as inovações que impulsionam a terceira revolução industrial se desenvolvem numa velocidade espantosa, uma velocidade tanto maior porque a competição tornou-se global. Por fim, essa globalização, justamente, torna ineficazes as regulações nacionais, uma vez que as legislações dos Estados e os comitês de ética locais não têm influência fora do país de origem. Por que proibir a triagem de embriões ou a inseminação artificial com um doador, como há muito se faz na França, quando essas práticas são autorizadas em Bruxelas e em Londres?

A Europa judaico-cristã, com sua conversão à herança do Iluminismo, aos direitos humanos e à democracia, poderia desempenhar um papel importante para propor ao mundo ideias reguladoras para a terceira revolução industrial. Infelizmente, ela não tem muita voz no mundo. No que diz respeito às inovações que estão no centro da terceira revolução industrial, as da IA, da robótica e da tecnologia digital, a Europa está pouco a pouco se tornando uma subcontratante, e mesmo uma colônia dos Estados Unidos e da China. Ela consentiu, numa base emocional, numa inclusão dos países do Leste em vez de aprofundar a União por meio do estreitamento dos nossos laços pela supressão da concorrência entre as normas sociais e fiscais. Era necessário harmonizar, limitar drasticamente o *dumping* social e fiscal, criar um Parlamento e um ministério das Finanças reduzindo a zona do euro ao essencial, no máximo a uma dezena de países. Estamos, infelizmente, longe de ver esse projeto passar pela cabeça dos nossos governantes. É, no entanto, vital para a União Europeia, e talvez para o mundo se quisermos pelo menos que a nossa voz volte a ser ouvida no concerto das nações, se quisermos que o melhor que a velha Europa inventou nos planos moral e político, ou seja, a segunda idade do humanismo, também possa ser ouvido pelos outros. Pois esse novo humanismo desenvolveu uma concepção do altruísmo com a qual proponho concluir este livro.

Conclusão

Do cuidado de si ao cuidado dos outros
As quatro faces do altruísmo

A palavra "altruísmo", inventada ao que parece por Augusto Comte, recebeu ao longo da história quatro significados diferentes, e mesmo opostos entre eles. Procuremos distingui-los para identificar aquele que melhor corresponde ao nosso espiritualismo laico.

Por mais paradoxal que possa parecer, existe uma primeira forma de altruísmo que poderia ser definida como "altruísmo por egoísmo". É aquele que domina a tradição das doutrinas utilitaristas e liberais anglo-saxônicas. A fórmula pode parecer contraditória, mas é completamente coerente. Na tradição utilitarista, com efeito, que sustenta que todas as ações humanas, inclusive as mais generosas na aparência, são guiadas pelo interesse, que nenhuma jamais é desinteressada, o altruísta é simplesmente alguém que tem interesse no bem-estar, e mesmo na felicidade dos outros. As teorias liberais da "simpatia" e dos "sentimentos morais" retomarão o tema: não há necessidade, nessa perspectiva, de postular uma capacidade de se descolar do egoísmo natural para explicar o cuidado com o outro. O cuidado de si já é uma boa explicação visto que ele é característico de um indivíduo naturalmente voltado para os outros, de um ser cuja felicidade seria incompleta, e mesmo impossível, se a dos outros não estivesse de alguma maneira assegurada ou pelo menos levada em consideração. É, portanto, por egoísmo que, segundo as doutrinas utilitaristas e liberais do *Homo oeconomicus*, os seres humanos são em princípio propensos à simpatia, à compaixão e à piedade, sentimentos que pareciam *a priori* pouco naturais. Inútil procurar em outro lugar para explicar por que eles cuidam de seus semelhantes. Invocar, como fazem as morais republicanas, uma liberdade de descolamento do egoísmo, uma faculdade de desinteresse, para explicá-lo é então não apenas inútil, mas na verdade irracional, uma vez que a noção de ação desinteressada contradiz o determinismo natural e também o princípio de causalidade. A partir dessa perspectiva utilitarista, a irmã Emmanuelle e a Madre Teresa são apenas pessoas egoístas que têm visceral e naturalmente um interesse no bem-estar dos outros.

No exato oposto dessas teses utilitaristas e liberais, as morais republicanas apoiam-se na ideia de que o altruísmo verdadeiro, a generosidade autêntica, supõe uma capacidade de luta interna contra a natureza egoísta que é espontaneamente a nossa. Como mostra Kant, cuja filosofia não é liberal mas republicana, o altruísmo, o levar em consideração o outro, supõe um esforço, um descolamento de si, uma decisão sem dúvida evidente quando se trata dos entes queridos, daqueles que amamos, mas na maioria das vezes difícil quando se trata de um mero vizinho, aquele que não conhecemos e por quem não sentimos *a priori* nenhuma inclinação amigável particular. O altruísmo é, portanto, uma escolha de virtude e de dever que exige o exercício de uma liberdade aqui entendida como a faculdade de lutar contra as propensões naturais de só cuidar de si. Espontaneamente, o humano não é especialmente bom. Seja como for, ele pensa sobretudo apenas em seu "querido eu", como diz Freud. Aliás, veja nossos filhos: ensiná-los a cuidar dos outros requer, como dizia Piaget, um longo e doloroso processo de "descentramento". É o que chamamos de "educação", nesse sentido a moral e a civilidade são tudo menos naturais. Para dizer a verdade, elas são até mesmo, ao contrário do que afirmam utilitaristas e liberais, tão antinaturais que no final da infância, quando nossa educação em princípio está terminada, ainda é muitas vezes necessário fazer esforços, recorrer sempre ao exercício de uma liberdade de descolamento de si, de sua natureza egocêntrica, para que esse descentramento que permite cuidar dos outros possa continuar a operar. Nessa perspectiva, é evidente que apenas a ação altruísta é verdadeiramente virtuosa e, literalmente, altruísta. Para convencê-lo disso, imagine que alguém lhe presta grandes serviços, é generoso, atencioso e bom com você, em suma, um modelo de altruísmo, mas um dia você descobre que na verdade essa bondade de fachada não passa de uma hipocrisia destinada a abocanhar sua herança: embora a ação desse personagem permaneça objetivamente "altruísta", no entanto ela não o é subjetivamente, pois é desprovida de qualquer valor moral, de qualquer virtude, uma vez que esta última supõe uma autêntica generosidade, uma maneira de "sair de si" para fazer jus a esse nome e resultar de um verdadeiro altruísmo.

Ainda podemos evocar uma terceira face do altruísmo, não mais por interesse, nem mesmo por dever, mas simplesmente por amor. É esse altruísmo que Jesus defende na célebre passagem dos evangelhos a que Santo Agostinho deu o nome de "Sermão da montanha". Enquanto ele percorre a Galileia para arengar a multidões cada vez maiores, Jesus, perante o número cada vez maior daqueles que vêm ouvi-lo, instala-se num promontório para ser compreendido por todos. O episódio é relatado por Mateus (5,17.18.20), assim como por Lucas (6,17-49), embora de forma abreviada. Jesus começa, depois das bem-aventuranças propriamente ditas, com estas poucas palavras de extrema profundidade: *"Não penseis, Ele declara, que vim abolir a Lei ou os Profetas. Não vim abolir mas completar. E eu vos garanto: enquanto não passar o céu e a terra, não passará um i ou um pontinho da Lei, sem que tudo se cumpra. [...] Pois eu vos digo: se a vossa justiça não for maior do que a dos escribas e fariseus, não entrareis no Reino dos Céus"*. Este "excesso", ou melhor dizendo, este "preenchimento" (em grego: *plèrôma*) da lei, é certamente o amor gratuito e desinteressado, este *agapè* que deveríamos receber de Deus, que vai permiti-lo. Na sequência do sermão, Jesus mobiliza toda uma série de exemplos emprestados da lei judaica, essencialmente do Decálogo: *"Não matarás, não cometerás adultério, não cometerás perjúrio"* etc. E a cada vez, Ele opõe o espírito à letra, o coração à aplicação mecânica da regra, pois a aplicação da lei, que em si é boa, cujo conteúdo não é duvidoso e sobre a qual Jesus diz muito claramente que não mudará um pontinho, não tem o menor valor moral, nem espiritual, se for obtida pela simples observância mecânica e seca, em nome somente do dever, de um mandamento que se opõe à natureza. Ao contrário, é por um impulso do próprio coração guiado pelo *agapè*, portanto de alguma maneira por uma "inclinação sensível", uma "propensão natural", que a lei deve ser completada, preenchida.

Em que vemos como Jesus, em nome do amor, rejeita a separação feita pelo judaísmo ortodoxo de seu tempo (mas a moral de Kant, e com ela todas as morais republicanas farão o mesmo) entre a natureza e a lei, entre a inclinação natural e o dever moral. É nesse sentido que Ele não deseja de forma alguma suprimir o conteúdo da lei, mas apenas seu caráter formal, *agapè* vindo preenchê-la espontaneamente sem modificar um pontinho – exceto que a lei desaparece como imperativo, como mandamento e como dever moral de virtude. Não é preciso editar uma lei para obrigar uma mãe que ama seu filho a beijá-lo quando ele chora, a aquecê-lo quando está com frio, a alimentá-lo quando está com fome... O amor provê *naturalmente* às suas necessidades, e é nesse movimento, nesse impulso do coração, que a forma da lei desaparece. Se amássemos os outros como amamos nossos filhos, é provável que todas as guerras tivessem desaparecido da superfície do globo[85]. Em que, aqui, o altruísmo por amor nos afasta tanto do interesse egoísta quanto do dever moral, uma vez que se apoia numa visão "amigável" da transcendência do outro e da saída de si. Esta é, pelo menos, a ideia que anima essa terceira face do altruísmo, a questão de saber se o amor não é uma forma de interesse como qualquer outra, e mesmo mais poderosa do que todas as outras, estando evidentemente aberta, mas ainda assim impossível de resolver racionalmente[86].

---

85. Eis como Hegel comentou essa passagem, de uma forma que acredito ser justa e profunda: *"Na descrição desse Reino do Céu não aparece, todavia, a supressão das leis, mas elas devem ser completadas por uma justiça outra e mais total do que a da fidelidade ao dever: a incompletude das leis encontra seu cumprimento. [Jesus] mostra então o princípio desse cumprimento para várias leis: esse princípio mais rico pode ser chamado de propensão a agir como as leis ordenariam, a unidade da inclinação e da lei graças à qual esta perde sua forma de lei; essa harmonia com a inclinação é o pleroma ['preenchimento'] da lei".* E nesse sermão, a cada vez, para cada mandamento particular, Jesus mostra como e em que sentido ele deve ser preenchido com o amor da caridade, *agapè*.

86. Um utilitarista objetaria evidentemente que o amor é interessado de modo que, para ele, o altruísmo por amor se encaixa facilmente em sua visão de mundo. Por sua vez, um cristão responderia que *agapé* é um amor gratuito, desinteressado, que, como tal, implica uma saída de si, uma suspensão do egoísmo natural. Como Popper mostrou, depois de Kant (que confessava ser bem possível que nenhuma ação desinteressada jamais tenha ocorrido), o debate não pode ser resolvido cientificamente porque

Para além do utilitarismo, a moral do dever e o amor de caridade, o espiritualismo laico propõe uma quarta face do altruísmo: não por interesse, não por dever, nem mesmo por amor, pois só amamos verdadeiramente nossos familiares (e mesmo assim nem sempre!), mas *como* por amor, *como se* amássemos aqueles que, no entanto, não conhecemos mas que talvez pudéssemos amar. Talvez digam que se trata ao mesmo tempo de uma variante do altruísmo por dever e do altruísmo por amor, exceto que essa variante muda o jogo ao fornecer, por assim dizer, uma muleta carnal à secura do imperativo categórico kantiano ou ao dar ao amor de caridade a dimensão imperativa das morais do dever. Trata-se, no fundo, de tentar ver a possibilidade do ente querido no vizinho, de considerá-lo como se ele pudesse ser amado, de se perguntar como agiríamos e reagiríamos diante dele numa situação dolorosa ou conflituosa, se esse outro fosse nosso filho ou nossa filha, nosso irmão ou nossa irmã: teríamos a mesma atitude? Provavelmente não. Claro, o vizinho não é o ente querido, mas se lhe sobrepuséssemos a imagem de um ente querido, se tentássemos vê-lo como um dos nossos, talvez nosso comportamento em relação a ele mudasse totalmente. Se os membros das comunidades que ainda hoje estão em guerra em todo o mundo

---

ele se move no campo do não falsificável: jamais se poderá com efeito provar que uma ação, mesmo infinitamente generosa, não é ditada por um interesse oculto, e mesmo inconsciente, mas o fato de que não se possa prová-lo mostra por si só que nos movemos num campo que não é mais o da ciência.

se olhassem como olham para seus próprios filhos, como olham para aqueles que eles amam, podemos imaginar que a guerra entre eles terminaria...

A espiritualidade laica do segundo humanismo, por razões que já expus suficientemente aqui, aparece assim como uma visão de mundo e da relação com os outros que reconcilia a espiritualidade do amor e a ética do dever. Ao contrário das ideologias da felicidade e do cuidado de si resultantes da desconstrução das transcendências, ela abre um outro caminho, tanto na relação consigo próprio, na luta contra a reificação e a "má-fé", quanto na relação com os outros, com a política e com o cuidado com as gerações futuras. O segundo humanismo visa, portanto, a transmissão e a partilha, nesse sentido a questão da longevidade não poderia deixá-lo indiferente. O alargamento do horizonte na perspectiva da longevidade e da alteridade aparece também, no final das contas, como um fator de sentido em nossas vidas. Seu lema poderia ser *Perfectibilidade, Longevidade, Amor*. Trata-se então de transmitir ao redor de si (aos entes queridos, família, amigos), mas se possível também mais além, à humanidade que está por vir, mas uma humanidade em que o cuidado com o vizinho, com o anônimo, ao contrário do que ocorre no primeiro humanismo em que o altruísmo é um altruísmo essencialmente por dever, é mediado pelo ente querido, o que dá sentido às nossas vidas individuais. É claro que mesmo que a ciência um dia nos ofereça a possibilidade de uma vida muito longa, ela sempre terá um fim. Ainda assim, segundo essa doutrina do altruísmo por amor, ou pelo menos "como se fosse por amor", nessa política que se preocupa afinal com as gerações futuras, a vida vale a pena ser vivida e se possível aumentada, apesar da irreversibilidade da morte, primeiro para continuar a visar constantemente a perfectibilidade, mas também porque, enquanto houver algo para transmitir, compartilhar e legar a quem amamos ou poderíamos amar, nossas existências têm sentido.

Conecte-se conosco:

facebook.com/editoravozes

@editoravozes

@editora_vozes

youtube.com/editoravozes

+55 24 2233-9033

www.vozes.com.br

Conheça nossas lojas:

www.livrariavozes.com.br

Belo Horizonte – Brasília – Campinas – Cuiabá – Curitiba
Fortaleza – Juiz de Fora – Petrópolis – Recife – São Paulo

EDITORA VOZES LTDA.
Rua Frei Luís, 100 – Centro – Cep 25689-900 – Petrópolis, RJ
Tel.: (24) 2233-9000 – E-mail: vendas@vozes.com.br